JESSICA HEIMANN
MÖHNESTR. 17
59469 ENSE-NIEDERENSE
TEL.: 02938/1728

D1669775

Zentralstelle für Testtraining der GCA mbH (Hrsg.)

Andreas Köneke

Der Test für medizinische Studiengänge
Lösungsbuch zu:
 "Vollständige Testsimulation 1"

GCA-Verlag

GCA mbH · Herdecke

2

© by GCA-Verlag, GCA mbH, Herdecke 1992

1. Auflage Juni 1992

Printed in Germany

Druck und Bindung: Zeitdruck, Dortmund

ISBN 3 9802416 8 8

Vorwort

Als Seminarleiter von TMS-Vorbereitungsseminaren für die Zentralstelle für Testtraining (ZfTT) der GCA mbH habe ich über mehrere Jahre hinweg die gute Trainierbarkeit des TMS feststellen können. Die "Vollständige Testsimulation 1" wurde eigens für die Seminare der ZfTT entwickelt und ist seit einiger Zeit auch im Buchhandel erhältlich. In den ZfTT-Seminaren wurde diese Testsimulation bis einschließlich 1991 besprochen. Seit Beginn des Jahres 1992 ist die "Vollständige Testsimulation 1" ausschließlich als Buch zu beziehen. Sie wird nicht mehr in ZfTT-Seminaren verwendet, um Überschneidungen des Seminarmaterials mit Büchern, die im Handel erhältlich sind, zu vermeiden.

Anhand der Aufgaben der Testsimulation wurden in den Seminaren sinnvolle Vorgehensweisen und Lösungsstrategien erläutert. Da diese Erläuterungen bisher jedoch nur Seminarteilnehmern vorbehalten waren, wurde von vielen TMS-Absolventen angeregt, ein Lösungsbuch zu verfassen, das im Aufbau ähnlich den in dieser Reihe erschienenen Lösungsbüchern zu den vom Institut für Test- und Begabungsforschung veröffentlichten Originalversionen des TMS ist. Da ich aus zahlreichen Seminaren die Schwierigkeiten der Teilnehmer bei der Bearbeitung bestimmter Aufgaben dieser Testsimulation kenne, habe ich mich entschlossen, die Lösungswege zu allen Aufgaben in Form dieses Buches darzustellen. Gleichzeitig sei darauf hingewiesen, daß die Lösungen in Buchform niemals so ausführlich wie in einem Seminar besprochen werden können, da keine Rückfragen möglich sind. Sie tragen jedoch zum besseren Verständnis der "Vollständigen Testsimulation 1" bei, weil der Übende falsch gelöste Aufgaben erkennen und dem beschriebenen Lösungsansatz entsprechend korrigieren kann.

Für die gute Zusammenarbeit bei der Erstellung der Lösungen zu den Aufgaben bedanke ich mich beim Seminar- und Verlagsteam der GCA mbH. Den Seminarteilnehmern der ZfTT der GCA mbH, die durch ihre zahlreichen Anregungen entscheidenden Einfluß auf die Gestaltung dieses Buches gehabt haben, bin ich ebenfalls zu Dank verpflichtet.

Herdecke, im Juni 1992   Andreas Köneke

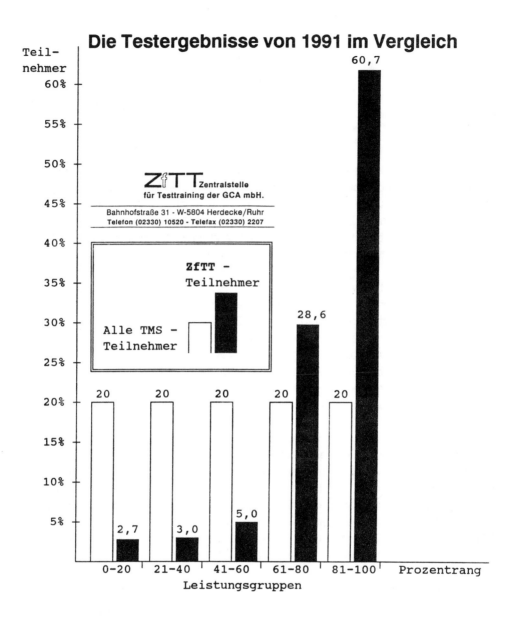

Die Testergebnisse von 1991 im Vergleich

ZfTT Zentralstelle
für Testtraining der GCA mbH.

Bahnhofstraße 31 - W-5804 Herdecke/Ruhr
Telefon (02330) 10520 - Telefax (02330) 2207

ZfTT -
Teilnehmer

Alle TMS -
Teilnehmer

Teilnehmer

60,7

28,6

20   20   20   20   20

2,7   3,0   5,0

0-20   21-40   41-60   61-80   81-100   Prozentrang

Leistungsgruppen

Die graphische Darstellung zeigt im Vergleich das Testergebnis sämtlicher Testabsolventen mit dem der Teilnehmer an ZfTT-Testtrainigs. In der höchsten Leistungsgruppe (81 - 100%) sind die ZfTT-Teilnehmer weit überdurchschnittlich vertreten. Während im Mittel nur 20% aller Absolventen in dieser Gruppe zu finden sind, haben über 60% der ZfTT-Teilnehmer dieses hervorragende Ergebnis erreicht. Andererseits finden sich in der niedrigsten Leistungsgruppe (0 - 20%) nur 2,7% der ZfTT-Teilnehmer, während der Durchschnittswert aller Testabsolventen auch hier bei 20% liegt. **Der höchste von unseren Teilnehmern erreichte Testwert betrug 136. Das entspricht einem Prozentrang von 99,9%. Der Teilnehmer löste 174 von 178 zu bearbeitenden Aufgaben richtig.**
Diese Zahlen dokumentieren eindrucksvoll, welchen Vorteil Teilnehmer unserer ZfTT-Testtrainings-Seminare gegenüber dem Durchschnitt aller Testabsolventen haben.
Durch den Kontakt zu unseren Teilnehmern auch nach dem Test sind wir in der Lage, unser Konzept ständig den Erfordernissen anzupassen um so eine hohe Aktualität unserer Seminare zu gewährleisten.

Inhaltsverzeichnis

"... dank meines guten Ergebnisses kann ich jetzt sehr ruhig an meine Abiturklausuren herangehen, da ich sie (fast) gar nicht mehr brauche, um einen Studienplatz zu bekommen ..."

Es gibt Menschen, die konzentrieren sich auf das Wesentliche.
Und sie haben Erfolg damit.

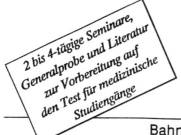

2 bis 4-tägige Seminare, Generalprobe und Literatur zur Vorbereitung auf den Test für medizinische Studiengänge

ZfTT Zentralstelle
für Testtraining der GCA mbH.

Bahnhofstraße 31 - W-5804 Herdecke/Ruhr
Telefon (02330) 10520 - Telefax (02330) 2207

Einleitung

Dieses Buch soll dem leichteren Verständnis der "Vollständigen Testsimulation 1" aus der Reihe "Der Test für medizinische Studiengänge" des GCA-Verlages dienen. Es empfiehlt sich, zunächst die Testsimulation selbständig unter Zeitdruck (Original-TMS-Zeitplan) durchzuarbeiten. Danach sollte eine Auswertung bezüglich der erreichten Punktzahl erfolgen. Eine überschlägige Errechnung des Testwertes ist möglich, indem die bei der Bearbeitung der Testsimulation erreichten Punkte (1 Punkt je richtig gelöste Aufgabe) für PKT in die folgende Formel eingesetzt werden:

$$TW = (\frac{PKT - 120}{20} \cdot 10) + 100$$

TW ist der Testwert. Nach ihm richtet sich eine mögliche Zulassung zum Studium. Mehr zum Testwert kann im Test-Info oder im ZVS-Info der ZVS oder im Leitfaden zur Testvorbereitung des GCA-Verlages nachgelesen werden.

Der so errechnete Testwert kann als Richtlinie gelten. Es kann selbstverständlich von Seiten des Autors oder des Verlages keine Garantie dafür übernommen werden, daß im TMS derselbe Testwert erreicht wird, wie der hier errechnete.

Im Anschluß an die Auswertung sollte versucht werden, die noch nicht gelösten Aufgaben selbständig zu lösen. Anschließend ist ein Vergleichen der eigenen Lösungswege mit den in diesem Buch gezeigten Lösungsvorschlägen sinnvoll. Wichtig ist, daß der Trainierende zuerst selbst über die Problematik nachdenkt, sodaß er seine Lösungsansätze mit den hier gezeigten vergleichen kann. Es bringt dagegen weniger Trainingserfolg, wenn zu jeder neuen Aufgabe die in diesem Buch gezeigten Lösungen ohne eigene Lösungsvorschläge oder -ideen herangezogen werden. Sinn dieses Buches ist es nicht, vorgefertigte Lösungen zu jedem Problem anzubieten, sondern bei wirklich unverstandenen Aufgaben eine Hilfestellung zu geben und neben den eigenen Lösungswegen andere Strategien aufzuzeigen.
Zur einfacheren Handhabung ist dieses Buch so gestaltet, daß der Seitenaufbau bezüglich der Lösugsanordnungen weitestgehend den Aufgabenanordnungen in der Testsimulation entspricht. Dabei ist viel Freiraum für eigene Notizen zu den gezeigten Lösungen vorhanden.

"...ein Lob auch an die nette und umfassende Beratung am Telefon..."

Wir beraten Sie gern.

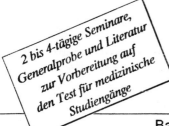

2 bis 4-tägige Seminare, Generalprobe und Literatur zur Vorbereitung auf den Test für medizinische Studiengänge

ZfTT Zentralstelle
für Testtraining der GCA mbH.

Bahnhofstraße 31 - W-5804 Herdecke/Ruhr
Telefon (02330) 10520 - Telefax (02330) 2207

LÖSUNGEN ZU:

Vollständige Testsimulation 1

Teil A

Name: _____

Vorname:_____

1992 Zentralstelle für Testtraining der GCA mbH, Herdecke

Muster zuordnen

Die folgenden Beschreibungen sollen helfen, die jeweils richtigen Musterausschnitte aus den fünf Antwortmöglichkeiten herauszufinden. Zur Orientierung werden die Musterausschnitte auf den Mustern und die jeweiligen Fehler wiederum auf den Musterausschnitten lokalisiert. Es werden alle Veränderungen in den jeweils falschen Musterausschnitten aufgezeigt und beschrieben, wodurch die Fähigkeit, eingebaute Fehler zu erkennen und zu systematisieren, trainiert werden kann.

Anmerkung: kleine Abweichungen wie etwas ungleich dicke Linien in Muster und Musterausschnitt, überzählige kleinste Punkte oder ähnliches können Druckungenauigkeiten sein und werden an den entsprechenden Stellen erwähnt.

1) Lösung: (E)

    (A)   Lokalisation: unten, rechts
           Fehler: Im oberen rechten Bildquadranten fehlt in dem ovalen Gebilde ein Strich.

    (B)   Lokalisation: unten, rechts
           Fehler: Im unteren mittleren Bereich sind zwei Punkte zuviel in dem rundlichen Gebilde enthalten.

    (C)   Lokalisation: Bildmitte
           Fehler: Im oberen rechten Quadranten fehlen einige Punkte zwischen den rundlichen Gebilden.

    (D)   Lokalisation: oben, links
           Fehler: Im unteren linken Quadranten sind einige zusätzliche Verbindungen zwischen den rundlichen Gebilden eingezeichnet.

    (E)   Lokalisation: oben, rechts
           Fehler: -

2) Lösung: (E)

    (A)   Lokalisation: Mitte, rechts
           Fehler: Der linke Bildrand geht über den Rand des Musters hinaus.

    (B)   Lokalisation: oben, links
           Fehler: Der schwarze Strich im oberen Bereich des größeren rundlichen Gebildes steht zu weit rechts.

    (C)   Lokalisation: unten, links
           Fehler: Die Fäden im unteren linken Quadranten laufen anders, als im Muster.

    (D)   Lokalisation: Bildmitte
           Fehler: Der angeschnittene Bereich des größeren rundlichen Gebildes enthält zu viele Striche.

    (E)   Lokalisation: Mitte, rechts
           Fehler: -

3) Lösung: (E)

    (A)   Lokalisation: Mitte, rechts
            Fehler: Im unteren rechten Quadranten befinden sich zu viele punktierte Linien.

    (B)   Lokalisation: oben, rechts
            Fehler: Im mittleren linken Bildbereich ist die punktierte Begrenzungslinie zu dick.

    (C)   Lokalisation: unten, links
            Fehler: Der linke Teil des Ausschnittes geht über den Rand des Musters hinaus.

    (D)   Lokalisation: Bildmitte
            Fehler: Im unteren linken Quadranten ist eine punktierte Linie zu dick.

    (E)   Lokalisation: Mitte, links
            Fehler: -

4) Lösung: (B)

    (A)   Lokalisation: oben, links
            Fehler: Die Verlängerung einer vom unteren linken Bildquadranten in die Bildmitte laufenden Linie fehlt.

    (B)   Lokalisation: unten, Mitte
            Fehler: -

    (C)   Lokalisation: unten, links
            Fehler: Das am oberen Rand in der Mitte liegende ovale Gebilde hat an der oberen Begrenzung einen zusätzlichen Strich.

    (D)   Lokalisation: unten, rechts
            Fehler: Im mittleren linken Bereich befindet sich ein zusätzliches ovales Gebilde.

    (E)   Lokalisation: oben, rechts
            Fehler: In der Bildmitte fehlt die Verlängerung der von rechts in das Bild laufenden Linie.

5) Lösung: (D)

(A) Lokalisation: unten, Mitte
Fehler: Im unteren rechten Quadranten ist eine zusätzliche Verbindungslinie zwischen die rundlichen Gebilde gezeichnet worden.

(B) Lokalisation: oben links
Fehler: Im unteren rechten Quadranten liegt die waagerechte Linie im unteren rundlichen Gebilde zu tief.

(C) Lokalisation: Mitte, rechts
Fehler: Im mittleren linken Bildbereich dürfen die waagerechten Linien nicht in das ursprünglich freie Feld fortgeführt werden.

(D) Lokalisation: oben, Mitte
Fehler: -

(E) Lokalisation: oben, links
Fehler: Im unteren linken Bildquadranten befindet sich eine zusätzliche Verbindungslinie zwischen den rundlichen Strukturen.

Zur einfacheren Handhabung des Buches bei der Lösung der "Vollständigen Testsimulation 1" bleibt diese Seite frei. Sie kann als Raum für Notizen verwendet werden.

6) Lösung: (B)

(A) Lokalisation: oben, links
Fehler: In der linken oberen Bildecke ist der äußerste Faden zu lang einge-
zeichnet.
(B) Lokalisation: unten, rechts
Fehler: -
(C) Lokalisation: Bildmitte
Fehler: Der auf den mittleren Teil des rechten Randes zulaufende Faden
darf nicht abbiegen.
(D) Lokalisation: unten, links
Fehler: Die von unten kommenden Fäden am unteren Bildrand sind zuviel.
(E) Lokalisation: oben, rechts
Fehler: Im oberen rechten Bildquadranten befindet sich eine gebogene Linie
zuviel.

7) Lösung: (D)

(A) Lokalisation: unten, rechts
Fehler: Im mittleren rechten Bereich fehlen zwei kleine Kreise.
(B) Lokalisation: oben, rechts
Fehler: Die im linken Bildbereich von oben nach unten laufende Doppellinie
muß unterbrochen sein.
(C) Lokalisation: oben, links
Fehler: Am unteren mittleren Bildrand fehlen zwei kleine rundliche Gebilde.
(D) Lokalisation: unten, links
Fehler: -
(E) Lokalisation: Mitte, rechts
Fehler: In der oberen linken Bildecke darf die Begrenzungslinie nicht nach
links abbiegen.

8) Lösung: (A)

(A) Lokalisation: oben, links
Fehler: -
(B) Lokalisation: unten, links
Fehler: Der schwarze Punkt am unteren mittleren Bildrand liegt zu hoch.
(C) Lokalisation: oben, rechts
Fehler: Im oberen rechten Quadranten müßte statt der einfachen Linie eine
Doppellinie senkrecht verlaufen.
(D) Lokalisation: unten, rechts
Fehler: Die spinnenförmige Figur am mittleren rechten Bildrand hat zu dicke
Ausläufer.
(E) Lokalisation: oben, Mitte
Fehler: Das ovale Gebilde in der Bildmitte darf rechts keine Begrenzungsli-
nie haben.

9) Lösung: (C)

    (A)   Lokalisation: unten, links
            Fehler: Im unteren rechten Quadranten enthält die Begrenzungslinie zu viele schwarze Punkte.

    (B)   Lokalisation: oben, links
            Fehler: Die senkrechte Begrenzungslinie in der Bildmitte muß unterbrochen sein.

    (C)   Lokalisation: Mitte, rechts
            Fehler: -

    (D)   Lokalisation: unten, rechts
            Fehler: Im mittleren linken Bildbereich ist die schwarze Linie fälschlicherweise unterbrochen.

    (E)   Lokalisation: Bildmitte
            Fehler: Die helle Struktur ist zu stark ausgeweitet.

10) Lösung: (C)

    (A)   Lokalisation: oben, rechts
            Fehler: Es fehlen Verbindungslinien zwischen den spinnenförmigen Gebilden.

    (B)   Lokalisation: unten, rechts
            Fehler: Im oberen, mittleren Bildbereich ist ein schwarzer Punkt zuviel in die Doppellinie eingezeichnet worden.

    (C)   Lokalisation: oben, links
            Fehler: -

    (D)   Lokalisation: oben, Mitte
            Fehler: Im unteren rechten Quadranten läuft fälschlicherweise eine schwarze Diagonallinie.

    (E)   Lokalisation: Bildmitte
            Fehler: Die auf den unteren Bildrand zulaufende Doppellinie müßte durch eine weitere Querlinie unterbrochen sein.

11) Lösung: (B)

    (A)   Lokalisation: unten, links
           Fehler: Das ovale Gebilde in der freien Fläche ist zu hoch.

    (B)   Lokalisation: oben, rechts
           Fehler: -

    (C)   Lokalisation: unten, rechts
           Fehler: Die Linie in der oberen linken Bildecke ist falsch.

    (D)   Lokalisation: oben, links
           Fehler: Die obere Spitze des freien Feldes ist zu lang.

    (E)   Lokalisation: unten, Mitte
           Fehler: Das ovale Gebilde in dem freien Feld ist zu groß.

12) Lösung: (C)

    (A)   Lokalisation: unten, Mitte
           Fehler: In der Bildmitte fehlt ein Faden.

    (B)   Lokalisation: unten, links
           Fehler: Am mittleren rechten Rand befinden sich fälschlicherweise zwei waagerechte Striche.

    (C)   Lokalisation: Mitte, rechts
           Fehler: -

    (D)   Lokalisation: oben, links
           Fehler: Im oberen mittleren Bereich fehlt ein ovales Gebilde.

    (E)   Lokalisation: unten, rechts
           Fehler: Der Ausschnitt geht im unteren Bereich über das Muster hinaus.

13) Lösung: (B)

    (A)   Lokalisation: oben, links
           Fehler: In der unteren rechten Bildecke befindet sich ein fälschlicherweise schwarz ausgefüllter Ast.

    (B)   Lokalisation: unten, rechts
           Fehler: -

    (C)   Lokalisation: unten, links
           Fehler: Am linken Bildrand befindet sich ein fälschlicherweise schwarz ausgefüllter Ast.

    (D)   Lokalisation: oben, links
           Fehler: Am unteren Bildrand befindet sich ein fälschlicherweise schwarz ausgefüllter Ast.

    (E)   Lokalisation: Bildmitte
           Fehler: Im linken unteren Bildquadranten befindet sich ein fälschlicherweise schwarz ausgefüllter Ast.

14) Lösung: (C)

    (A) Lokalisation: Bildmitte
         Fehler: Am oberen Bildrand befindet sich eine zu dick gezeichnete schwarze Linie.

    (B) Lokalisation oben, Mitte
         Fehler: In der oberen linken Ecke fehlt ein nach oben links gerichteter Faden.

    (C) Lokalisation: unten, rechts
         Fehler: -

    (D) Lokalisation: unten, links
         Fehler: Am unteren Bildrand fehlt ein angeschnittener Faden.

    (E) Lokalisaton: oben, links
         Fehler: Die gebogene Linie müßte von der Bildmitte bis zum oberen rechten Rand ziehen.

15) Lösung: (C)

    (A) Lokalisation: Bildmitte
         Fehler: Links neben dem ovalen Gebilde fehlt ein schwarzes, spiralförmiges Gebilde.

    (B) Lokalisation: unten, links
         Fehler: Im unteren linken Bildquadranten ist ein ovales Gebilde durch gepunktete Linien ersetzt worden.

    (C) Lokalisation: oben, links
         Fehler: -

    (D) Lokalisation: unten, rechts
         Fehler: Am unteren Bildrand ist ein längliches Gebilde durch gepunktete Linien ersetzt worden.

    (E) Lokalisation: oben, rechts
         Fehler: Der Musterausschnitt geht oben über den Bildrand hinaus.

16) Lösung: (D)

    (A)   Lokalisation: oben, Mitte
            Fehler: In dem freien Feld fehlt eine schwarze Linie

    (B)   Lokalisation: oben, rechts
            Fehler: In dem freien Feld ist am linken Bildrand eine zusätzliche schwarze Linie eingezeichnet worden.

    (C)   Lokalisation: unten, rechts
            Fehler: Im oberen Feld der Spitze im unteren rechten Quadranten fehlt ein schwarzer Punkt.

    (D)   Lokalisation: unten, rechts
            Fehler: -

    (E)   Lokalisation: Mitte, rechts
            Fehler: In dem freien Feld am linken Bildrand fehlt ein schwarzer Strich.

17) Lösung: (D)

    (A)   Lokalisation: unten, rechts
            Fehler: Am linken Bildrand fehlt eine parallel zu der dicken Linie verlaufende dünnere Linie.

    (B)   Lokalisation: oben, Mitte
            Fehler: In der vom oberen Bildrand zur unteren rechten Ecke ziehenden Linie fehlen die Punkte.

    (C)   Lokalisation: oben, links
            Fehler: Es fehlt eine schwarze Linie, die von der Bildmitte zum oberen mittleren Bildrand verläuft.

    (D)   Lokalisation: unten, rechts
            Fehler: -

    (E)   Lokalisation: oben, rechts
            Fehler: Die von der Bildmitte zur unteren rechten Ecke laufende Linie ist fälschlicherweise durch Punkte fortgesetzt worden.

18) Lösung: (A)

    (A)   Lokalisation: oben, rechts
            Fehler: -

    (B)   Lokalisation: Mitte, links
            Fehler: Im unteren linken Bildquadranten fehlt eine ovale Figur.

    (C)   Lokalisation: oben, links
            Fehler: In der Mitte des oberen Bildrandes fehlt eine kleine ovale Figur.

    (D)   Lokalisation: unten, rechts
            Fehler: Im unteren linken Quadranten fehlt eine ovale Figur unter dem Pfeil.

    (E)   Lokalisation: unten, links
            Fehler: Auf der dicken Linie fehlt das Wort "Transport".

19) Lösung: (C)

    (A)   Lokalisation: unten, rechts
            Fehler: In dem von dem großen Gebilde abzweigenden Arm fehlt am Ansatz des Armes ein kleiner Kreis.

    (B)   Lokalisation: unten, links
            Fehler: Der untere kleine Strich am unteren Begrenzungsrand des großen Gebildes ist falsch.

    (C)   Lokalisation: oben, links
            Fehler: -

    (D)   Lokalisation: Bildmitte
            Fehler: Im oberen rechten Bildquadranten ist fälschlicherweise ein kleiner Kreis unter dem ovalen Gebilde eingezeichnet.

    (E)   Lokalisation: oben, rechts
            Fehler: In der oberen linken Ecke des unteren rechten Bildquadranten ist ein Strich zuviel eingezeichnet.

20) Lösung: (A)

    (A)   Lokalisation: Bildmitte
            Fehler: -

    (B)   Lokalisation: unten, Mitte
            Fehler: Unter der vierfachen Linie im oberen Bereich des Bildes ist ein Punkt zuviel eingezeichnet.

    (C)   Lokalisation: oben, rechts
            Fehler: Im unteren Bereich des von links in das Bild reichenden Gebildes ist eine Kammer zuviel eingezeichnet.

    (D)   Lokalisation: unten, Mitte
            Fehler: Im unteren linken Bildquadranten fehlt eine kleine waagerechte Linie.

    (E)   Lokalisation: oben, rechts
            Fehler: An dem größeren Gebilde im oberen rechten Bildquadranten fehlt ein Arm.

21) Lösung: (E)

    (A)   Lokalisation: oben, links
             Fehler: Im oberen linken Bildquadranten ist eine schwarze Linie zuviel ein-
gezeichnet.

    (B)   Lokalisation: unten, links
             Fehler: Die dicken schwarzen Linien am oberen Bildrand sind falsch.

    (C)   Lokalisation: oben, Mitte
             Fehler: Die Anordnung der Striche im oberen Bildbereich entspricht nicht
dem Original.

    (D)   Lokalisation: oben, rechts
             Fehler: Der helle Kreis in dem schwarzen Gebilde im oberen mittleren Bild-
bereich ist falsch.

    (E)   Lokalisation: unten, rechts
             Fehler: -

22) Lösung: (E)

    (A)   Lokalisation: unten, Mitte
             Fehler: Am unteren Rand des unteren linken Quadranten sind statt einem
dunklen Kreis mehrere helle Kreise eingezeichnet worden.

    (B)   Lokalisation: unten, Mitte
             Fehler: Im unteren rechten Quadranten fehlen an der Innenseite der Be-
grenzung des großen ovalen Gebildes einige Striche.

    (C)   Lokalisation: oben, rechts
             Fehler: In der oberen rechten Bildecke fehlen einige kleine Kreise.

    (D)   Lokalisation: unten, rechts
             Fehler: Die Öffnung des großen ovalen Gebildes im oberen linken Bildqua-
dranten ist falsch.

    (E)   Lokalisation: oben, links
             Fehler: -

23) Lösung: (A)

(A) Lokalisation: oben, rechts
Fehler: -

(B) Lokalisation: unten, links
Fehler: Die Form der großen schwarzen ovalen Gebilde stimmt nicht mit dem Original überein. Es fehlen zwei kleine Kreise zwischen den schwarzen Ovalen.

(C) Lokalisation: unten, rechts
Fehler: Die Form des großen schwarzen ovalen Gebildes im unteren rechten Bildquadranten ist falsch.

(D) Lokalisation: Bildmitte
Fehler: Im oberen linken Bildquadranten fehlt rechts neben dem Pfeil ein kreisförmiges Gebilde.

(E) Lokalisation: oben, links
Fehler: Im unteren Bereich des oberen linken Bildquadranten fehlt ein ovales Gebilde.

24) Lösung: (B)

(A) Lokalisation: oben, rechts
Fehler: Die Linie mit den dickeren schwarzen Punkten im oberen linken Bildquadranten ist falsch.

(B) Lokalisation: Mitte, rechts
Fehler: -

(C) Lokalisation: unten, rechts
Fehler: Die Linie mit den dickeren schwarzen Punkten im unteren rechten Bildquadranten ist falsch.

(D) Lokalisation: oben, links
Fehler: Die Linie mit den dickeren schwarzen Punkten im unteren rechten Bildquadranten ist falsch.

(E) Lokalisation: unten, links
Fehler: Die untere Linie mit den dickeren schwarzen Punkten im unteren linken Bildquadranten ist falsch.

"... die Tatsache, daß ich in der Simulation am 01.11. den gleichen Testwert erreichte wie auch im echten TMS, zeigt die Realitätstreue der Simulation ..."

Med.-naturwiss. Grundverständnis

Nachfolgend werden alle aufgeführten Antwortmöglichkeiten jeder Aufgabe begründet oder widerlegt. Dabei wird immer auf im Text vorhandene Zusammenhänge hingewiesen. Alle Begründungen lassen sich aus den zu den jeweiligen Aufgaben gehörenden Texten entnehmen.

25) Lösung: (D)

Mögliche Stichpunkte, die sich beim Lesen der Aufgabe mitschreiben lassen:
Nervenzellen:
- Informationen   aufnehmen
-        weiterleiten
-        vergleichen
- Zellen steuern

(A) Den Stichpunkten zufolge haben Nervenzellen mehr Funktionen als <u>nur</u> die Informationsübertragung.

(B) Im Text wird keine Information darüber gegeben, an wieviele Zellen die Information übertragen wird.

(C) Im Text wird keine Information darüber gegeben, aus wievielen Nervenzellen ein Nerv besteht.

(D) Diese Aussage wird durch den letzten Satz im Text belegt.

(E) Im Text wird keine Information darüber gegeben, ob für eine Muskelkontraktion stets ein Nerv aktiv sein <u>muß</u>.

26) Lösung: (B)

Mögliche Stichpunkte, die sich beim Lesen der Aufgabe mitschreiben lassen:
Axone: Transport von bestimmten Substanzen oder elektrischen Erregungen peripheriewärts;
Herpes-Viren oder Tetanus-Toxin auch retrograd.

(A) Der Wundstarrkrampf wird <u>im Zentrum</u> der Nervenzelle ausgelöst.

(B) Diese Aussage ist den Stichpunkten zufolge richtig.

(C) Wundstarrkrampf wird durch retrograd transportiertes <u>Tetanus-Toxin</u> ausgelöst.

(D) Herpes-Viren können <u>auch retrograd</u> transportiert werden.

(E) Im Text wird keine Aussage darüber gemacht, ob Axone durch Viren zerstört werden.

27) Lösung: (D)

Mögliche Stichpunkte, die beim Lesen der Aufgabe mitgeschrieben werden können:
-Isotonische Kontraktion: Heben eines Gewichtes
-Isometrische Kontraktion: Haltearbeit ohne Muskelverkürzung

(A)   Diese Aussage wird durch den ersten Stichpunkt belegt.
(B)   Diese Aussage wird durch den zweiten Stichpunkt belegt.
(C)   Diese Aussage wird ebenfalls durch den zweiten Stichpunkt belegt.
(D)   Die isotonische Kontraktion ist dem Text zufolge keine Voraussetzung für eine isometrische Kontraktion.
(E)   Diese Aussage wird im Text belegt.

28) Lösung: (C)

Mögliche Stichpunkte, die beim Lesen der Aufgabe mitgeschrieben werden können:
- Stützmotorik: reflektorisch, durch Hirnstamm bedingt
- Informationsfluß: Rezeptorsysteme - motorische Zentren - Erregungsmuster für die Muskeln

I.   Im Text werden ausschließlich Aussagen über das Gleichgewicht getroffen. Andere Informationen können durchaus vom Hirnstamm weitertransportiert werden.
II.   Im Normalfall wird das Gleichgewicht reflektorisch gehalten. Das bedeutet jedoch nicht, daß es keine andere Möglichkeit der Gleichgewichtserhaltung gibt, wenn der beschriebene Unfall vorgelegen hat.
III.   Einen verminderten Gleichgewichtssinn wird der Patient dem Text zufolge mit Sicherheit haben, da entscheidende Leitungsbahnen für die Gleichgewichtserhaltung betroffen sind.

29) Lösung: (D)

Mögliche Stichpunkte, die beim Lesen der Aufgabe mitgeschrieben werden können:
REM: 60% - 90%: geträumt
(bei Durst erhöht)
NREM < 60% geträumt; trotzdem Ablauf geistiger Prozesse (sprechen etc.)

(A) Über einen möglichen tiefen Schlaf wird im Text keine Information gegeben,

(B) Im Text wird keine Aussage darüber gegeben, ob der Patient einschlafen kann oder nicht.

(C) Im Text wird nicht ausgeschlossen, daß der Patient eine REM-Phase haben kann.

(D) Diese Aussage wird durch den ersten Stichpunkt belegt.

(E) Diese Aussage wird durch den zweiten Stichpunkt widerlegt.

30) Lösung: (A)

Mögliche Tabelle, die beim Lesen der Aufgabe angefertigt werden kann:

sensorisches Gedächtnis	primäres Gedächtnis	sekundäres Gedächtnis	tertiäres Gedächtnis
- erhält neue Informationen	- erhält Informationen aus dem sensorischen Gedächtnis sofort	- erhält Informationen aus dem primären Gedächtnis. Überleitungsstörung = retrograde Amnesie	- kann Informationen aus dem sekundären Gedächtnis übernehmen
	- Speicherung mehrere Sekunden	- Speicherung Minuten bis Jahre	- praktisch kein Vergessen

- Retrograde Amnesie = Verlust der Erinnerung an die Zeit vor der Hirnstörung.

I. Diese Aussage ist dem Stichpunkt zufolge richtig.

II. Über den Zusammenhang zwischen retrograden und anterograden Amnesien werden im Text keine Informationen gegeben.

III. Diese Aussage wird durch die dritte Spalte der Tabelle widerlegt.

IV. Der Tabelle zufolge ist die Information nicht vom sekundären an das tertiäre Gedächtnis weitergeleitet worden. Das wird jedoch nicht als anterograde Amnesie bezeichnet (s. Spalte "sekundäres Gedächtnis" der Tabelle).

31) Lösung: (B)

Stichpunkte, die beim Lesen der Aufgabe mitgeschrieben werden können:
- Berührungsempfindung während der Haarbewegung (geschwindigkeitsabhängig) durch
  Haarfollikelrezeptoren
- Druckempfindung durch Druckrezeptoren

(A) Im Text werden keine Informationen über eine mögliche Schmerzwahrnehmung gegeben.

(B) Diese Aussage ist richtig, da den beiden Stichpunkten zufolge Druck und Berührung von unterschiedlichen Rezeptoren vermittelt werden.

(C) Den Stichpunkten zufolge können Sinnesempfindungen, die keine Druckempfindungen sind (z.B. Berührungsempfindungen) unabhängig von den Druckempfindungen weitergeleitet werden.

(D) Im Text werden ausschließlich Informationen über die Qualität der Sinnesempfindungen, nicht aber über die Quantität der Empfindungen getroffen.

(E) Diese Aussage wird durch die Richtigkeit der Aussage (B) widerlegt.

32)   Lösung: (D)

Mögliche Tabelle, die beim Lesen des Textes erstellt werden kann:

	Kaltpunkte	Warmpunkte
Handfläche	5 Punkte pro 2,5 cm^2	1 Punkt pro 2,5 cm^2
Gesicht	16 - 19 Punkte pro cm^2	Sinnesfläche

(A)   Diese Aussage ist den Informationen aus der Tabelle zufolge richtig.

(B)   Eine Umrechnung des Wertes aus der Tabelle ergibt $16 \cdot 2,5$ bis $19 \cdot 2,5$ Kalt-
        punkte pro cm^2 im Gesicht. Das entspricht 40 bis 47,5 Kaltpunkten pro cm^2.

(C)   Diese Aussage ist richtig, da im Gesicht insgesamt mehr temperaturempfindliche
        Punkte vorhanden sind, als an den Handflächen.

(D)   Eine Umrechnung der Kaltpunktanzahl der Handfläche ergibt 2 Kaltpunkte pro
        cm^2. Das entspricht höchstens $\dfrac{19}{2} = 9,5$ mal mehr Kaltpunkten im Gesicht als auf
        der Handfläche.

(E)   Der Tabelle zufolge ist diese Aussage richtig.

33)   Lösung: (E)

Mögliches Schema, das beim Lesen der Aufgabe erstellt werden kann:

Einstrom von Calzium-Ionen

Hauptteil   *geringerer Teil*

Auffüllung des   Kontraktion
Calzium-Ionen-
Speichers für die
folgende Kontraktion

(A)   Die Folge einer zu hohen Calzium-Ionen-Konzentration in den Herzmuskelzellen
        wäre eine zu starke Kontraktion.

(B)   Im Text werden keine Informationen über einen Calzium-Ionen-Ausstrom aus den
        Herzmuskelzellen gegeben.

(C)   Die Folge eines zu hohen Calzium-Ionen-Einstromes in die Herzmuskelzellen wäre
        eine zu starke Kontraktion.

(D)   Im Text werden keine Informationen über eine mögliche Überfüllung des Calzium-
        Ionen-Speichers gegeben.

(E)   Diese Aussage ist richtig, da für die Kontraktion Calzium-Ionen benötigt werden
        (siehe Schemazeichnung).

34) Lösung: (C)

Mögliche Tabelle, die beim Lesen des Textes erstellt werden kann:

Vegetative Herzversorgung

parasympathisch	sympathisch
Medulla oblongata/ Pons -> Nervus Vagus rechts und links -> Rami cardiaci: rechts: rechter Vorhof und Sinusknoten = > Herzfrequenz (Kammern: gering versorgt) links: Atrioventricularknoten	gleichmäßige Versorgung aller Kammern

I.   Diese Aussage ist richtig, da der rechte Nervus Vagus zum vegetativen Nervensystem gehört (siehe Tabelle).

II. Diese Aussage ist falsch, da auch der rechte Ramus cardiacus eine Funktion hat (siehe Tabelle).

III. Diese Aussage wird durch die Tabelle bestätigt.

Zur einfacheren Handhabung des Buches bei der Lösung der "Vollständigen Testsimulation 1" bleibt diese Seite frei. Sie kann als Raum für Notizen verwendet werden.

35) Lösung: (E)

Mögliche Tabelle, die beim Lesen der Aufgabe erstellt werden kann:

Messung des Potentials des Außenraumes gegenüber dem Zellinnenraum:

innen	außen
normal: -75 mV	normal: 0 mV
Depolarisation: + 30 mV = > Aktionspotential	Depolarisation: 0 mV; positive Ionen treten von außen nach in- nen.

Für die Antwortmöglichkeiten gilt: Messung des Potentials des Zellinnenraumes gegenüber dem Außenraum. Bei einer derartigen Messung kehren sich die Werte um zu:

innen	außen
normal: 0 mV	normal: + 75 mV
Depolarisation: 0 mV	Depolarisation: -30 mV

(A) Diese Aussage wird durch die zweite Tabelle widerlegt: Der Meßwert für die normale Zelle beträgt + 75 mV und ist damit größer als der Meßwert für die depolari-
sierte Zelle, der - 30 mV beträgt.

(B) Im Text wird keine Information darüber gegeben, ob die Größe der Meßwerte vom
umgebenden Medium unabhängig ist.

(C) Diese Aussage stellt die Umkehrung der Aussage (A) dar und ist damit richtig.

(D) In der ersten Tabelle ist abzulesen, daß bei einer Depolarisation positive Ionen von
außen nach innen übertreten und nicht von innen nach außen.

(E) Diese Aussage wird durch die Tabellen widerlegt. Das wichtigste Kriterium für eine
Depolarisation ist die Änderung der Meßwerte.

36) Lösung: (A)

Mögliche Tabelle, die beim Lesen der Aufgabe erstellt werden kann:

Hyperalgesie	**Hyp**algesie/ **An**algesie	An**aesthesie**
Überempfindlichkeit für mechanische Reize	Ausfall der Schmerz-empfindlichkeit	Störung aller Sinnesempfin-dungen, die von einem Ner-ven geleitet worden sind.
(z.B. durch Sonnenbrand, Hitze, Erfrieren, Röntgen-strahlen,etc.)		(z.B.: Durchtrennung eines Nerven)

(A) Diese Aussage ist richtig, weil bei einer Anaesthesie auch die Schmerzempfindung ausgeschaltet wird. Das ist das Kriterium für eine Analgesie (siehe Tabelle).

(B) Durch einen Sonnenbrand wird eine Hyperalgesie und keine Analgesie ausgelöst.

(C) Eine Überempfindlichkeit für mechanische Reize wird als Hyperalgesie bezeichnet.

(D) Hyperalgesie und Analgesie sind Gegensätze und treten daher nicht gemeinsam auf.

(E) Im analgesierten Bereich wird das Schmerzempfinden herabgesetzt sein und nicht unbeeinflußt bleiben.

37) Lösung: (D)

Mögliche Tabelle, die beim Lesen der Aufgabe erstellt werden kann:

Stäbchen	Zapfen
- Sehen in der Dämmerung und bei Nacht (skotopisches Sehen) - Empfindung der Helligkeit	- Tagsehen (photopisches Sehen) - Unterscheiden zwischen Farben und Helligkeiten

(A) Den Informationen der Tabelle zufolge ist die optische Wahrnehmung bei Tag photopisch und nicht skotopisch.

(B) Nachtsehen wird laut Tabelle über die Stäbchen vermittelt.

(C) Farben können laut Tabelle nicht bei Nacht wahrgenommen werden, da die Sehempfindung bei Nacht über die Stäbchen vermittelt wird.

(D) Diese Aussage ist richtig, da Farben bei Nacht nicht wahrgenommen werden können.

(E) Helligkeiten können bei Nacht und in der Dämmerung gleich gut wahrgenommen werden, da sie stets über die Stäbchen wahrgenommen werden.

38) Lösung: (C)

Mögliche Stichpunkte, die beim Lesen der Aufgabe mitgeschrieben werden können:

Hörschwelle:
- frequenzabhängig
- individuell verschieden
- am geringsten bei 2 - 5 kHz

Zunehmender Schalldruck bedeutet zunehmende Lautstärke

(A) Diese Aussage ist dem letzten Stichpunkt zufolge richtig.

(B) Diese Aussage ist richtig, da den Stichpunkten zufolge die Hörschwelle im Bereich von 2 - 5 kHz (= 2000 - 5000 Hz) am geringsten ist.

(C) Aus den Stichpunkten läßt sich erkennen, daß die Hörschwelle von verschiedenen Faktoren abhängig und nicht als definierter Schalldruckpegel festgelegt ist.

(D) Die Empfindung "lauter werdend" kann auch durch Änderung des Schalldruckpegels hervorgerufen werden.

(E) Diese Aussage wird durch die Stichpunkte bestätigt.

39) Lösung: (B)

Mögliche Tabelle, die beim Lesen der Aufgabe erstellt werden kann:

Geschmacks-qualität	Geschmacksstoffe	Lokalisation der Geschmacksrezeptoren an der Zunge
süß	Zucker (Glucose), Pampelmuse, Orange	Zungenseite
salzig	NaCl, KCl	und
sauer	Pampelmuse, Orange	Zungenspitze
bitter	KCl, Pampelmuse	Zungengrund

I.   Da Orange nicht bitter schmeckt, ist diese Aussage falsch.
II. Diese Aussage ist richtig, da Orange und Pampelmuse nur noch süß und sauer schmecken.
III. Am Zungengrund wird "bitter" und nicht "sauer" geschmeckt.
IV. Diese Aussage ist falsch, da nur die Geschmacksqualität "bitter" ausfällt.

40) Lösung: (A)

Stichpunkte, die beim Lesen der Aufgabe mitgeschrieben werden können:

- Wassergehalt beim Erwachsenen: 70-75% des Körpergewichtes
- Schwankung des Wassergehaltes normalerweise um +/- 0,22% des Körpergewichtes
- Höhere Schwankungen -> Durst (Grenze bei 350g bei 70 kg Körpergewicht)

I.   Bezogen auf 1 kg Körpergewicht liegt die Grenze der Wassergehaltsschwankung, ab der Durst entsteht, bei 5 g Wasserverlust (350 g / 70 kg = 5 g / 1 kg). Die Grenze muß folglich bei der 69 kg schweren Person bei 345 g Wasserverlust liegen. Mit einem Wasserverlust von 349 g ist die Grenze folglich überschritten und es entsteht Durst.
II. 350 g von 70 kg sind 0,5%. Hat eine Person nur 0,33% ihres Wassergehaltes verloren, wird folglich noch kein Durst entstehen.
III. Für diese Aussage gilt das gleiche wie für die Aussage II.
IV. Bei einem Körpergewicht von 70 kg liegt die Wasserverlustgrenze, ab der Durst entsteht, bei 350 g. Bei einem höheren Körpergewicht und gleichzeitig geringerem Wasserverlust entsteht folglich kein Durst.

41) Lösung: (D)

Mögliche Stichpunkte, die beim Lesen der Aufgabe mitgeschrieben werden können:

- Erythrocyten sind verformbar
- Hämoglobin A ist notwendig für die Verformbarkeit der Erythrocyten

(A)   Durchblutungsstörungen sind durch normale Erythrocytenverformbarkeit nicht zu erwarten.

(B)   Die Ursache der normalen Verformbarkeit ist Hämoglobin A und nicht die Blutgruppe A.

(C)   Diese Aussage ist falsch, da ausreichend viel Hämoglobin A und nicht möglichst wenig vorhanden sein muß, damit eine normale Erythrocytenverformbarkeit gewährleistet ist.

(D)   Diese Aussage ist richtig, da im Text nicht ausgeschlossen wurde, daß es auch andere Ursachen für Durchblutungsstörungen geben kann, als eine verringerte Erythrocytenverformbarkeit.

(E)   Die Verformbarkeit der Gefäße wird durch die Erythrocyten und nicht durch Hämoglobin A aufrechterhalten.

42) Lösung: (E)

Mögliche Stichpunkte, die beim Lesen der Aufgabe mitgeschrieben werden können:

- Immunität: Abwehr von Fremdstoffen ist möglich
- Allergie: krankhaft, kann bei wiederholter Immunreaktion auftreten
- Immuntoleranz: keine Abwehr von Fremdstoffen möglich

(A)   Für eine Allergie ist eine Immunität Voraussetzung. Daher kann keine gleichzeitige Immuntoleranz vorliegen.

(B)   Es sind Antikörper vorhanden, da erst wiederholte Immunreaktionen zur Allergie führen.

(C)   Über bleibende Schädigungen werden im Text keine Informationen gegeben.

(D)   Über eine mögliche Immuntoleranz nach dem Ablauf einer allergischen Reaktion werden im Text keine Informationen gegeben.

(E)   Diese Aussage ist richtig, da eine Allergie eine Immunität gegen den betreffenden Fremdstoff voraussetzt.

43) Lösung: (A)

Mögliche Tabelle, die beim Lesen der Aufgabe angefertigt werden kann:

Diastole	Systole
- Erschlaffung der Herzkammern	- Kontraktion der Herzkammern
- Füllung der Herzkammern mit Blut	- Beförderung des Blutes in die großen Arterien

Weitere Stichpunkte, die beim Lesen der Aufgabe mitgeschrieben werden können:

- Die Vorhofsystole liegt zeitlich vor der Kammersystole.
- In der Vorhofsystole gelangt das Blut in die Kammern.

(A) Diese Aussage wird durch die beiden Stichpunkte bestätigt.
(B) Die Kammersystole folgt zeitlich der Vorhofsystole. Beide Systolen können folglich nicht gleichzeitig stattfinden.
(C) Diese Aussage wird durch die Richtigkeit der Aussage (A) ausgeschlossen.
(D) Über das Zusammenspiel der Vorhof- und Kammerdiastole werden im Text keine Informationen gegeben.
(E) Für diese Aussage gilt das gleiche wie für die Aussage (D).

44) Lösung: (E)

Mögliche Stichpunkte, die beim Lesen der Aufgabe mitgeschrieben werden können:

- Körperblutgefäße: 84% des Gesamtblutvolumens
- Körperarterien: 18% des Gesamtblutvolumens. Davon befinden sich 3% in den Arteriolen

- Lunge: 9% des Gesamtblutvolumens

- Herz: 7% des Gesamtblutvolumens

I. Diese Aussage ist falsch, da im Text keine Informationen über die Arterienblutanteile in Lunge und Herz vom Gesamtblutvolumen gegeben werden. Folglich kann auch nicht der Venenblutanteil am Gesamtblutvolumen bestimmt werden.
II. Diese Aussage ist falsch, da ausschließlich Informationen über den Blutanteil der Körperarterien am Gesamtblutvolumen, nicht aber über den Blutanteil aller Arterien am Gesamtblutvolumen gegeben werden.
III. Diese Aussage läßt sich aus den Stichpunkten ableiten.

45) Lösung: (A)

Mögliche Stichpunkte, die beim Lesen der Aufgabe mitgeschrieben werden können:

Ein überschwelliger Reiz
  - wird fortgeleitet
  - kann von anderer Zelle übernommen werden
  - kann aus zwei unterschwelligen Reizen zusammengesetzt werden
Bahnung: mehrere meist unterschwellige Reize werden zu einem überschwelligen
          Reiz.
Occlusion: mehrere meist überschwellige Reize vereinigen sich

(A)   Die Überschwelligen Reize entstehen erst in den erregten Nervenzellen. Sie sind
      dort folglich häufiger, als in den erregenden Nervenzellen, die vorwiegend unter-
      schwellige Reize liefern.
(B) bis (E)   Diese Aussagen werden durch die Richtigkeit der Aussage (A)
      ausgeschlossen.

46) Lösung: (C)

Mögliche Stichpunkte, die beim Lesen der Aufgabe mitgeschrieben werden können:

- normale Köpertemperatur: 36°C - 39°C
- normale Schwankungen um: 1°C von der höchsten zur niedrigsten Tagestemperatur
                          + 2°C bei körperlicher Arbeit
- Fieber bei Körpertemperaturerhöhung um mehr als 0,5°C über mehrere Tage hinweg

I.   Eine kurzfristig über den Mittelwert erhöhte Teperatur von 1°C bedingt eine höhere
      Differenz von der höchsten zur niedrigsten Temperatur des Tages als 1°C.
II.   Eine kurzfristige Temperaturerhöhung wird nicht als Fieber bezeichnet.
III. Diese Aussage ist den Stichpunkten zufolge richtig.

47) Lösung: (E)

Mögliche Stichpunkte, die beim Lesen der Aufgabe mitgeschrieben werden können:

- Polysaccharide: - Speicherung in Form von Glykogen
　　　　　　　　　- Aufnahme in Form von pflanzlicher Stärke (Polysaccharide)

- Vitamine: - sind lebenswichtig
　　　　　　- werden mit der Nahrung aufgenommen
　　　　　　- können nicht vom Organismus gebildet werden

I.　Den Stichpunkten zufolge wird vom Organismus pflanzliche Stärke in tierische Stärke umgewandelt und nicht umgekehrt.

II.　Im Text werden keine Informationen darüber gegeben, ob Kohlenhydrate vom Organismus gebildet werden können.

III.　Den Stichpunkten zufolge sind Vitamine lebenswichtig und nicht unbedeutend.

IV.　Diese Aussage ist richtig, da dem Text zufolge Polysaccharide Zucker sind.

48) Lösung: (B)

Mögliche Stichpunkte, die beim Lesen der Aufgabe mitgeschrieben werden können:

- Hydrolyse (Spaltung) großmolekularer Bestandteile der Nahrung durch Enzyme der Verdauungssäfte:
　　- Eiweiße zu Aminosäuren
　　- Fette zu Glycerin und Fettsäuren
　　- Kohlenhydrate zu Monosacchariden

(A)　Bei einer Reduktion der Verdauungsfunktion laufen die energieliefernden Prozesse lamgsamer ab. Dem Köper steht folglich weniger Energie zur Verfügung.

(B)　Diese Aussage ist richtig, da nicht genügend "Bausteine" zur Verfügung stehen.

(C)　Im Text werden keine Informationen darüber gegeben, ob in diesem Fall größere Moleküle resorbiert werden können, als beim Gesunden.

(D)　Im Text werden keine Informationen darüber gegeben, ob der Körper in diesem Fall aufnahmefähig für artfremde Eiweiße wird.

(E)　Die Enzymaktivität wird nicht dadurch reduziert, daß weniger Verdauungssäfte vorhanden sind.

Schlauchfiguren

Die folgenden Ausführungen begründen die richtigen Lösungen. Um den Umgang mit diesem Untertest leichter zu erlernen, ist es empfehlenswert, anhand eines Übungswürfels die dargestellten Figuren nachzustellen.

49) Lösung: (E)

Die zwei parallel an der Vorderseite des zweiten Bildes verlaufenden Kabel befinden sich auf dem ersten Bild hinten.

50) Lösung: (A)

Die Überkreuzungsstelle der beiden Kabel bleibt auch nach der Drehung am Würfelboden liegen.Der charakteristische ausgebuchtete Verlauf des Kabels im oberen Bereich des Würfels befindet sich im ersten Bild rechts, während er im zweiten Bild hinten zu finden ist.

51) Lösung: (D)

Die Knotenstelle des gestreiften Kabels mit dem einfarbigen Kabel befindet sich im ersten Bild im oberen hinteren rechten Bereich des Würfels, während sie im zweiten Bild im vorderen oberen rechten Bereich zu finden ist. Im zweiten Bild ist die Aufsicht auf diesen Knoten von oben gegeben. Den Knoten sieht man im ersten Bild von vorn.

52) Lösung: (D)

Während man im ersten Bild auf zwei Kreise blickt, die übereinander angeordnet sind, kann man im zweiten Bild in diese Kreise hineinsehen. Der Kreis mit der größeren Unterbrechung in der Begrenzung liegt dabei oben.

53) Lösung: (A)

Die Überschneidungsstelle des gestreiften Kabels mit dem flachen Kabel liegt im ersten Bild in der vorderen rechten Kante des Würfels. Im zweiten Bild erkennt man diese Überkreuzung deutlich in der vorderen linken Kante des Würfels.

54) Lösung: (B)

Das gestreifte Kabel, das sich im ersten Bild zum größten Teil im hinteren Bildbereich befindet, ist im zweiten Bild überwiegend im linken Bildbereich zu erkennen.

55) Lösung: (E)

Der nahezu spiegelbildliche Verlauf der Kabel in den zwei Bildern läßt den Rückschluß
auf die Ansicht des Würfels von hinten im zweiten Bild zu.

56) Lösung: (B)

Die beiden Bögen des schwarzen Kabels, die im ersten Bild nach rechts offen sind, sind
im zweiten Bild nach hinten geöffnet.

57) Lösung: (D)

Das hellere Kabel ist im ersten Bild nach unten geöffnet, während die Öffnung im zweiten
Bild nach hinten zeigt.

58) Lösung: (B)

Das im ersten Bild im linken Bereich liegende Kabelende beschreibt einen bogenförmigen Verlauf von vorn nach oben dann nach hinten, wo es mit einem leichten Bogen nach unten endet. Diesen Verlauf kann man im zweiten Bild in der Seitenansicht sehen. Der letzte Bogen in diesem Verlauf weist dabei nach rechts unten. (Diese Figur ist wegen der schwachen Kontraste innerhalb des Kabels relativ schwierig.)

59) Lösung: (A)

Der Bogen des hellen Kabels, der sich im ersten Bild in der oberen vorderen Würfelkante befindet, liegt im zweiten Bild in der oberen linken Würfelkante.

60) Lösung: (D)

Der Kabelverlauf in der Bildmitte des ersten Bildes, der wie ein spiegelbildliches "S" aussieht, ist im zweiten Bild in der Aufsicht im vorderen unteren Bereich des Würfels zu erkennen.

61) Lösung: (B)

Trotz des nahezu spiegelbildlichen Kabelverlaufes liegt im zweiten Bild nicht die Ansicht von hinten vor. Das Kabelende, das im ersten Bild im unteren Bildbereich nach unten links läuft, verläuft im zweiten Bild im unteren Bereich von hinten nach vorn.

62) Lösung: (A)

Die Überkreuzungsstelle des gestreiften Kabels mit dem hellen Kabel in der vorderen rechten Kante des Würfels im ersten Bild ist im zweiten Bild in der vorderen linken Kante des Würfels zu finden.

63) Lösung: (C)

Die Stelle, an der die beiden Enden des flachen Kabels sich treffen, liegt im ersten Bild im rechten Teil der unteren Würfelfläche, während sie im zweiten Bild im rechten Teil der vorderen Würfelfläche liegt.

64) Lösung: (B)

Die beiden im ersten Bild nach vorn offenen Bögen des gestreiften Kabels weisen im zweiten Bild mit ihrer Öffnung nach rechts.

65) Lösung: (C)

Das schwarze Kabel, das im ersten Bild an der Würfelvorderseite liegt, ist im zweiten Bild an der oberen Seite des Würfels zu finden.

66) Lösung: (D)

Die beiden Bögen des gestreiften Kabels, die im ersten Bild mit ihren Öffnungen nach vorn weisen, zeigen im zweiten Bild mit ihren Öffnungen nach unten.

67) Lösung: (A)

Die Überkreuzungsstelle der Kabel, die im ersten Bild an der rechten Würfelwand zu sehen ist, befindet sich im zweiten Bild an der Würfelvorderfläche.

68) Lösung: (B)

Der große Bogen des Kabels, der im ersten Bild in der vorderen linken Kante des Würfels zu sehen ist, befindet sich im zweiten Bild in der vorderen rechten Würfelkante.

69) Lösung: (E)

Der nahezu spiegelbildliche Aufbau der beiden Bilder weist hier auf die Hinteransicht des Würfels im zweiten Bild hin.

70) Lösung: (B)

die Schlaufe, die im ersten Bild die gesamte Figur am Würfelboden von vorn rechts
kommend umkreist und anschließend nach hinten rechts läut, läuft im zweiten Bild von
hinten rechts kommend um die gesamte Figur am Würfelboden herum nach hinten links.

71) Lösung: (D)

Die Überkreuzungsstelle der beiden hellen Kabel an der Oberseite des Würfels liegt im
zweiten Bild an der Vorderseite des Würfels.

72) Lösung: (B)

Die Überkreuzungsstelle, die sich im ersten Bild in der vorderen linken Würfelkante befindet, ist im zweiten Bild in der vorderen rechten Würfelkante zu finden.

Quantitative und formale Probleme

Hier sollen mögliche Lösungsansätze dargestellt werden, um recht schnell die richtige Antwort zu finden.

---

73) Lösung: (E)

Aus dem Text lassen sich folgende Gleichungen ableiten:

$$\frac{I_0}{I} = \frac{1}{T}$$

$$<=> \quad T = \frac{I}{I_0} \qquad (1)$$

$$- \log T = E \qquad (2)$$

Durch Einsetzen der Gleichung (1) in Gleichung (2) folgt:

$$- \log \frac{I}{I_0} = E \qquad (3)$$

74) Lösung:(A)

Aus dem Text lassen sich folgende Gleichungen ableiten:

$$FK = \frac{[Hb]}{Ery} \qquad (1)$$

$$FK = \text{Färbekoeffizient}$$
$$[Hb] = \text{Hämoglobinkonzentration}$$
$$Ery = \text{Erythrocytenzahl}$$

$$[Hb] = 158 \cdot 10^{-6} \frac{g}{\mu l} \qquad (2)$$

$$Ery = \frac{5,1 \cdot 10^6}{\mu l} \qquad (3)$$

Setz man die bekannten Werte aus den Gleichungen (2) und (3) in Gleichung (1) ein, so ergibt sich:

$$FK = \frac{158 \cdot 10^{-6} \, g \cdot \mu l}{5,1 \cdot 10^6 \, \mu l}$$

$$\approx 31 \cdot 10^{-12} \, g$$

$$\approx 31 \cdot 10^{-9} \, mg \qquad (1g = 10^3 \, mg)$$

75) Lösung: (B)

Aus dem Text läßt sich folgende Gleichung erstellen:

$$\text{HKT} = \frac{\text{ml Zellen}}{\text{dl Blut}}$$

(HKT = Hämatokrit)

$<=>$ ml Zellen $=$ HKT $\cdot$ dl Blut   (1)

Setzt man die in der Aufgabe gegebenen Werte in Gleichung (1) ein, ergibt sich:

$$\text{ml Zellen} = 45\,\frac{\text{ml Zellen}}{\text{dl Blut}} \cdot 45\ \text{dl Blut}$$

$$= 2025\ \text{ml Zellen}$$

76) Lösung: (E)

Zunächst muß die Zeit berechnet werden, über die der Patient kontrolliert wird. von 21.55 Uhr bis 6.55 Uhr sind es 9 Stunden. Das entspricht

$$9\ \text{Stunden} \cdot \frac{60\ \text{Minuten}}{\text{Stunde}} = 540\ \text{Minuten}.$$

Das Herz schlägt in dem Beobachtungszeitraum 70 mal pro Minute. Dabei werden jeweils 72 ml Blut durch das Herz befördert. Das Gesamtblutvolumen beträgt 5400 ml. Daraus leitet sich folgende Gleichung ab:

$$540\ \text{min} \cdot \frac{70\ \text{Schläge}}{\text{min}} \cdot \frac{72\ \text{ml Blut}}{\text{Schlag}} \cdot \frac{1}{5400\ \text{ml Blut}} = x$$

(x = Anzahl der Durchläufe des Gesamtblutvolumens durch das Herz des Patienten)

Durch Kürzen ergibt sich:

$$\frac{540 \cdot 70 \cdot 72}{5400} = x$$

$$<=> \quad \frac{1 \cdot 7 \cdot 72}{1} = x$$

$$<=> \quad 504 = x$$

77) Lösung: (C)

Zunächst werden die Zählbereichsgrößen berechnet:

Zählbereich A: $\quad$ 3 mm · 5 mm · 1 mm $\;=\;$ 15 mm³
Zählbereich B: $\quad$ 2 mm · 8,5 mm · 1 mm $\;=\;$ 17 mm³

Es folgt die Berechnung der Monocytenzahl pro mm³ Zählbereichsgröße:

Zählbereich A: $\qquad \dfrac{7500 \text{ Monocyten}}{15 \text{ mm}^3} = \dfrac{500 \text{ Monocyten}}{\text{mm}^3}$

Zählbereich B: $\qquad \dfrac{7650 \text{ Monocyten}}{17 \text{ mm}^3} = \dfrac{450 \text{ Monocyten}}{\text{mm}^3}$

Als letztes wird das Verhältnis x der Monocytenzahlen von Zählbereich A zu Zählbereich B bezogen auf je einen mm³ Zählbereichsgröße berechnet:

$$x \;=\; \frac{500 \text{ Monocyten} \cdot \text{mm}^3}{450 \text{ Monocyten} \cdot \text{mm}^3}$$

$$< = > \qquad x \;=\; \frac{10}{9}$$

$$= 10 : 9$$

Zur einfacheren Handhabung des Buches bei der Lösung der "Vollständigen Testsimulation 1" bleibt diese Seite frei. Sie kann als Raum für Notizen verwendet werden.

78) Lösung: (C)

Aus dem Text ergibt sich:

$$\alpha \sim l \qquad (1)$$
$$\alpha \sim c \qquad (2)$$

Drehwinkel D-Glycerinaldehyd:

$$\alpha_D = +14° \qquad (3)$$

(für D-Glycerinaldehyd liegen Standardbedingungen vor.)

Drehwinkel L-Glycerinaldehyd:

$$\alpha_L = 2 \cdot (-14°) \qquad (4)$$
$$= -28°$$

(für L-Glycerinaldehyd liegt die doppelte Standardkonzentration bei Standardschicht-länge vor.Da $c \sim \alpha$, ergibt sich der Faktor 2.)

Gesamtdrehwinkel:

$$\alpha_D + \alpha_L = 14° + (-28°) \qquad (5)$$
$$= -14°$$

79) Lösung: (E)

Durch Mitschreiben der im Text beschriebenen Gleichung erhält man:

$$\frac{A + B}{C^3} \cdot D = \frac{1}{E} - F^2$$

Zu (A): Da C mit dem Exponenten 3 versehen ist, während D den Exponenten 1 aufweist, kann hier keine Proportionalität vorliegen.

Zu (B): Nicht umgekehrt, sondern direkt proportional.

Zu (C): Es werden keine Informationen darüber gegeben, ob bestimmte Werte einander entsprechen.

Zu (D): E steht in einer Differenz und kann daher nicht zu Proportionalitätsbetrachtungen herangezogen werden.

Zu (E): Diese Aussage läßt sich an der oben dargestellten Gleichung nachvollziehen.

80) Lösung: (B)

Durch Einsetzen der möglichen Antwortkombinationen kann hier die Lösung gefunden werden:

Zu (A): $\dfrac{1 \text{ Teil} \cdot 40\% + 2 \text{ Teile} \cdot 72\%}{1 \text{ Teil} + 2 \text{ Teile}} = 61,33\%$

Zu (B): $\dfrac{10 \text{ Teile} \cdot 40\% + 6 \text{ Teile} \cdot 72\%}{10 \text{ Teile} + 6 \text{ Teile}} = 52\%$

(Das entspricht dem geforderten Alkohlgehalt.)

Zu (C): $\dfrac{5 \text{ Teile} \cdot 40\% + 4 \text{ Teile} \cdot 72\%}{5 \text{ Teile} + 4 \text{ Teile}} = 54,22\%$

Zu (D): $\dfrac{10 \text{ Teile} \cdot 40\% + 7 \text{ Teile} \cdot 72\%}{10 \text{ Teile} + 7 \text{ Teile}} = 53,18\%$

Zu (E): $\dfrac{3 \text{ Teile} \cdot 40\% + 4 \text{ Teile} \cdot 72\%}{3 \text{ Teile} + 4 \text{ Teile}} = 58,29\%$

81) Lösung: (B)

Durch Mitschreiben der im Text beschriebenen Gleichung erhält man:

$$A = \frac{\Delta E \cdot V \, [ml]}{t \, [min] \cdot v \, [ml] \cdot d \, [cm] \cdot \epsilon \, [(mol/l)^{-1} \cdot cm^{-1}]}$$

Durch Kürzen der Einheiten erhält man für die Einheit von A ([A]):

$$[A] = \frac{ml \cdot mol \cdot cm}{min \cdot ml \cdot cm \cdot l}$$

$$\Leftrightarrow [A] = \frac{mol}{l \cdot min}$$

82) Lösung: (E)

Zunächst wird die Anzahl der NaCl-Moleküle in einem halben Liter der Ausgangslösung berechnet:

$$\frac{2 \cdot 10^6 \text{ Moleküle}}{1 \text{ l}} = \frac{x}{0,5 \text{ l}}$$

$<=> x = 10^6$ Moleküle

Die Anzahl der Moleküle wird im zweiten Schritt nicht verändert. Es ändert sich ausschließlich die Flüssigkeitsmenge, in der sich die Moleküle befinden von 0,5 l auf 2 l. Daraus folgt als Konzentration der NaCl-Moleküle:

$$[\text{NaCl}] = \frac{10^6 \text{ Moleküle}}{2 \text{ l}}$$

Werden nun 20% der vorhandenen Moleküle verbraucht, verbleiben 80% der Moleküle im Reaktionsansatz. Das bedeutet:

$$[\text{NaCl}] = 80\% \cdot \frac{10^6 \text{ Moleküle}}{2 \text{ l}}$$

$$<=> [\text{NaCl}] = \frac{0,8 \cdot 10^6 \text{ Moleküle}}{2 \text{ l}}$$

Es sind folglich noch $0,8 \cdot 10^6$ bzw. $800 \cdot 10^3$ NaCl-Moleküle im Reaktionsansatz.

83) Lösung; (A)

Zur Lösung dieser Aufgabe empfiehlt es sich, eine Tabelle anzufertigen:

Zeit	Traubenzuckerportion	Traubenzuckerspiegel im Blut
0 Minuten	1	**0%**
30 Minuten	2	**100%** (der ersten Portion)
60 Minuten	3	100 % (der ersten Portion) · 0,4 = > bereits abgesunkener Wert + 100 % (der zweiten Portion) = **140%**
90 Minuten	4	140 % (der ersten zwei Portionen) · 0,4 + 100% (der dritten Portion) = **156%**

84) Lösung: (C)

Der letzte Satz des 1. Absatzes im Text als Term formuliert lautet:

$$\frac{1\,s}{1\,m \cdot 1\,Schwingung} = Schwingungsperiode$$

Für das gefragte Pendel ergibt sich bei Einsetzen der gegebenen Werte der Dreisatz:

$$\frac{1\,s}{1\,m \cdot 1\,Schwingung} = \frac{18,5\,s}{3,7\,m \cdot x}$$

$$< = > \qquad x = \frac{18,5\,s \cdot 1\,m \cdot 1\,Schwingung}{3,7\,m \cdot 1\,s}$$

$$= 5\,Schwingungen$$

Das Pendel schwingt also 5 mal. Bei jeder Schwingung durchläuft es seinen tiefsten Punkt T zwei mal. Folglich schwingt es 5 · 2 = 10 mal durch den Punkt T.

85) Lösung: (C)

Zunächst werden die Zuckerkonzentrationen in beiden Lösungen ausgerechnet:

Lösung A: $\dfrac{800 \text{ mg Zucker}}{6400 \text{ g Wasser}} = \dfrac{1 \text{ mg Zucker}}{8 \text{ g Wasser}}$

Lösung B: $\dfrac{800 \text{ mg Zucker} \cdot 0{,}25}{6600 \text{ g Wasser}} = \dfrac{600 \text{ mg Zucker}}{6600 \text{ mg Wasser}} = \dfrac{1 \text{ mg Zucker}}{11 \text{ g Wasser}}$

Um in der Einheit Gramm rechnen zu können, werden die Massenangaben des Zuckers zu Gramm erweitert und die gesamten Brüche werden mit 1000 multipliziert:

Lösung A: $\dfrac{1 \text{ g Zucker}}{8000 \text{ g Wasser}}$

Lösung B: $\dfrac{1 \text{ g Zucker}}{11000 \text{ g Wasser}}$

Da nach der Veränderung des Massenverhältnisses "Wasser zu Zucker" gefragt wird, wird der Kehrwert der beiden Verhältnisangaben "Zucker zu Wasser" betrachtet:

Lösung A: $\dfrac{8000 \text{ g Wasser}}{1 \text{ g Zucker}}$

Lösung B: $\dfrac{11000 \text{ g Wasser}}{1 \text{ g Zucker}}$

Die Differenz der Konzentrationen beider Lösungen beträgt folglich:

$$\dfrac{3000 \text{ g Wasser}}{\text{g Zucker}}$$

86) Lösung: (E)

Die Lösung dieser Aufgabe kann gefunden werden, indem die einzelnen Meßwerte in die fünf vorgegeben Gleichungen eingesetzt werden. Dazu muß zunächst die mittlere Spalte der Tabelle in die Einheit [cm/ms] umgerechnet werden. Es ergibt sich der Umrechnungsfaktor 0,1. Einfacher kann bei dieser Aufgabe die Lösung durch eine Dimensionskontrolle gefunden werden (s. rechte Spalte).

Zu (A)   I. $\dfrac{7,5 \text{ cm} \cdot \text{ms}}{3 \text{ ms} \cdot \text{cm}} = 22,5 \text{ cm}$ Diese Gleichung ist bereits aufgrund der Einheiten falsch.

Zu (B):   I. $\dfrac{9 \text{ ms} \cdot \text{cm}}{7,5 \text{ cm} \cdot \text{ms}} = 22,5 \text{ cm}$ Diese Gleichung ist ebenfalls bereits aufgrund ihrer Einheiten falsch.

Zu (C):   I. $3 \text{ ms} \cdot 22,5 \text{ cm} = 7,5^2 \left(\dfrac{\text{cm}}{\text{ms}}\right)^2$ Auch diese Gleichung ist bereits aufgrund ihrer Einheiten falsch.

Zu (D):   I. $3 \text{ ms} \cdot 7,5 \dfrac{\text{cm}}{\text{ms}} = 22,5^2 \text{ cm}^2$ Die Einheiten zeigen auch hier, daß die Gleichung falsch ist.

Zu (E):   I. $3 \text{ ms} \cdot 7,5 \dfrac{\text{cm}}{\text{ms}} = 22,5 \text{ cm}$ richtig.

II. $3 \text{ ms} \cdot 5,5 \dfrac{\text{cm}}{\text{ms}} = 16,5 \text{ cm}$ richtig.

III. $12 \text{ ms} \cdot 1,1 \dfrac{\text{cm}}{\text{ms}} = 13,2 \text{ cm}$ richtig.

IV. $12 \text{ ms} \cdot 0,1 \dfrac{\text{cm}}{\text{ms}} = 1,2 \text{ cm}$ richtig.

87) Lösung: (C)

Durch Ersetzen von "K" mit $\frac{[außen]}{[innen]}$ ([außen bedeutet dabei die Konzentration des Ions außerhalb der Zelle und [innen] bedeutet die Konzentration innerhalb der Zelle) in der angegebenen Gleichung erhält man folgende Gleichung:

$$E_{Ion} = \frac{(R \cdot T)}{(z \cdot F)} \cdot \ln \frac{[außen]}{[innen]}$$

Zu I.   Eine Erhöhung von [innen] bedingt ein verringertes $\ln \frac{[außen]}{[innen]}$. Da der Wert z jedoch -1 beträgt, ist die gesamte rechte Seite des Bruches negativ. Der Wert dieser Seite wird daher weniger negativ werden. Das ist bedeutungsgleich mit einem Steigen des Wertes der rechten Seite der Gleichung. Die Aussage ist daher richtig.

Zu II.   Ein erhöhtes T bewirkt aufgrund des negativen Vorzeichens des Wertes von z (-1) ein Steigen der Negativität des Wertes der rechten Seite der Gleichung und damit ein sinkendes E_{Ion}. Die Aussage ist daher falsch.

Zu III.   Eine Erhöhung des Wertes von [innen] zieht einen um den gleichen Faktor erhöhten Betrag von [außen] nach sich, damit die Größe des gesamten Bruches $\frac{[außen]}{[innen]}$ unverändert bleiben kann. Die Aussage ist daher richtig.

88) Lösung: (C)

Aus den Informationen im Text lassen sich folgende Gleichungen ableiten:

$$\frac{V}{t} \sim r^4 \qquad (1)$$

$$\frac{V}{t} \sim \frac{1}{l} \qquad (2)$$

Aus (1) und (2) folgt:

$$\frac{V}{t} \sim \frac{r^4}{l} \qquad (3)$$

Zu (A):   Aus (3) folgt: für $\frac{V}{t}$ = const. gilt: $r^4 \sim l$.

Zu (B):   Steigt in Beziehung (2) V, so muß l^{-1} verhältnisgleich steigen, wenn alle anderen Werte konstant sind. Es liegt folglich direkte Proportionalität vor. Die Aussage ist richtig.

Zu (C):   Steigt V in Beziehung (2), so muß t und nicht t^{-1} verhältnisgleich steigen, sofern alle anderen Werte unverändert bleiben. Diese Aussage ist falsch.

Zu (D):   Steigt in Beziehung (2) t, so muß l verhältnisgleich steigen. Es liegt folglich direkte Proportionalität vor. Diese Aussage ist richtig.

Zu (E):   Steigt r^4 in Beziehung (3), so muß t^{-1} verhältnisgleich steigen. Es liegt folglich direkte Proportionalität vor. Diese Aussage ist richtig.

89) Lösung: (A)

Durch Auftragung der Mengen in Form von Linien kann die Lösung der Aufgabe grafisch verdeutlicht werden:

Gesamtbevölkerung: 100%

weiße Vorfahren: 85%

schwarze Vorfahren: 32%

Schnittmenge: 17%

als Gleichung ausgedrückt: 85 + 32 - 100 = 17

90) Lösung:(D)

Zunächst wird berechnet, wieviel Bakterien aus jedem Bakterienstamm entstanden sind:

$$\frac{1536 \text{ Bakterien}}{3 \text{ Stämme}} = \frac{512 \text{ Bakterien}}{\text{Stamm}}$$

Teilt man die Zahl 512 so lange durch zwei, bis die Zahl 1 entsteht, so wird man 9 Teilungsschritte benötigen:

Teilungsschritte	1	2	3	4	5	6	7	8	9
Bakterien	512	256	128	64	32	16	8	4	2	1

Nun berechnet man die Dauer eines Teilungsschrittes. Man weiß, daß die einzelnen Teilungsschritte stets gleich lange dauern:

$$\frac{9 \text{ Teilungsintervalle}}{2\frac{1}{4} \text{ Stunden}} = \frac{1 \text{ Teilungsintervall}}{\frac{1}{4} \text{ Stunde}}$$

Es folgt die tabellarische Berechnung des Zeitpunktes, zu dem die Bakterienkultur eine Größe von 100 Bakterien überschritten hat:

Zeit [min]	Bakterien je Stamm	Bakterien aus drei Stämmen
0	1	3
15	2	6
30	4	12
45	8	24
60	16	48
75	32	96
90	64	>100

Der Betrachter steht bei dieser Aufgabe am Zeitpunkt $2\frac{1}{4}$ Stunden, also 135 Minuten.

Der Zeitpunkt 90 Minuten, zu dem die drei Bakterienstämme gemeinsam mehr als 100 Bakterien zählen, liegt folglich vom Betrachterstandpunkt 45 Minuten zurück.

Zur einfacheren Handhabung des Buches bei der Lösung der "Vollständigen Testsimulation 1" bleibt diese Seite frei. Sie kann als Raum für Notizen verwendet werden.

91) Lösung: (D)

Zunächst werden die im Text gegebenen Werte in die ebenfalls gegebene Gleichung eingesetzt:

$$HZV = \frac{250 \text{ ml O}_2 \cdot 100 \text{ ml Blut}}{\text{min} \cdot 5 \text{ ml O}_2} \quad ; \quad (avDo_2 = 20 \text{ ml} - 15 \text{ ml} = 5 \text{ ml})$$

$$<=> HZV = \frac{5000 \text{ ml Blut}}{\text{min}}$$

$$<=> HZV = 5 \frac{l}{\text{min}}$$

92) Lösung: (B)

Zunächst kann eine Gleichung aus dem Text erstellt werden:

$$EF = \frac{SV}{EDV} \qquad (1)$$

$$EDV = ESV + SV$$

$$<=> SV = EDV - ESV \qquad (2)$$

Durch einsetzen von Gleichung (2) in Gleichung (1) ergibt sich:

$$EF = \frac{EDV - ESV}{EDV} \qquad (3)$$

Setzt man die im Text gegebenen Werte in Gleichung (3) ein, erhält man:

$$EF = \frac{130 \text{ ml} - 50 \text{ ml}}{130 \text{ ml}}$$

$$<=> EF = 0{,}615 = \frac{61{,}5}{100} = 61{,}5\%$$

93) Lösung: (A)

Diese Aufgabe ist am besten tabellarisch zu lösen. Es werden die Bevölkerungszahlen beider Länder nebeneinander geschrieben. Anschließend wird der Verlauf der Bevölkerungszahlen in den folgenden Jahren verglichen, bis sich die Größen überschnitten haben:

Jahr	Wachstum Land 1	Land 1	Verkleinerung Land 2	Land 2
1. 1. 1992		$50 \cdot 10^6$		$60 \cdot 10^6$
1. 1. 1993	$\cdot$ 1,08	$54 \cdot 10^6$	$\cdot$ 0,98	$58,8 \cdot 10^6$
1. 1. 1994	$\cdot$ 1,08	$58,3 \cdot 10^6$	$\cdot$ 0,98	$57,6 \cdot 10^6$

Am ersten Januar 1994 sind bereits mehr Einwohner in Land 1 als in Land 2 vorhanden. Der Gleichstand erfolgt also im Jahr 1993.

94) Lösung: (D)

Zunächst wird der Anteil des Blutes in den Lungenkapillaren bestimmt:

Anteil d. Lungenkreisl.-Blutes am Ges.-Blut $\cdot$ Anteil des Lungenkap.-Blutes am Ges.-Blut

$=$ 8,8% $\cdot$ 25% = 2,2%

Anschließend wird der Anteil des Blutes in den Körperkapillaren bestimmt:

(Ges.-Blut - Ant. d. Herzblutes - Ant. d. Lungenblutes) $\cdot$ Ant. d. Köperkap. am Körperblut

$=$ (100% - 7,2% - 8,8%) $\cdot \dfrac{1}{14} = 84\% \cdot \dfrac{1}{14} = 6\%$

Beide Anteile zusammen ergeben 2,2% + 6% = 8,2%.

Schließlich wird das Blutvolumen in [l] berechnet:

5 l $\cdot$ 8,2% = 0,41 l = 410 ml

95) Lösung: (B)

Zunächst werden die im Text genannten Proportionalitätsbeziehungen dargestellt:

$K \sim P$ (1)

$K \sim r$ (2)

$K \sim \dfrac{1}{2d}$ (3)

Insgesamt lassen sich diese Proportionalitätsbeziehungen zu einem Ausdruck zusammenfassen:

$K \sim \dfrac{P \cdot r}{2d}$ (4)

Schließlich werden die fünf vorgegebenen Antwortmöglichkeiten umgeformt, um sie auf ihre Richtigkeit zu überprüfen:

Zu (A): $K \sim \dfrac{P \cdot r}{2d}$ richtig.

Zu (B): $K \sim \dfrac{2P \cdot r}{d}$ falsch.

Zu (C) bis (E): $K \sim \dfrac{P \cdot r}{2d}$ richtig.

Zur einfacheren Handhabung des Buches bei der Lösung der "Vollständigen Testsimulation 1" bleibt diese Seite frei. Sie kann als Raum für Notizen verwendet werden.

96) Lösung: (A)

Aus dem Text geht hervor:

$$n_2 = n_1 + 1/3\, n_1 = 4/3\, n_1 \qquad (1)$$

$$<=> \qquad \frac{n_1}{n_2} = \frac{3}{4} \qquad (2)$$

Im Text ist folgende Gleichung gegeben:

$$f = \frac{n_2 \cdot r}{n_2 - n_1} \qquad (3)$$

Zähler und Nenner in Gleichung (3) werden durch n_2 dividiert:

$$f = \frac{1 \cdot r}{1 - \dfrac{n_1}{n_2}} \qquad (4)$$

Mit r = 7,5 mm und Gleichung (2) folgt aus Gleichung (4):

$$f = \frac{1 \cdot 7,5\,\text{mm}}{1 - \dfrac{3}{4}} = \frac{7,5\,\text{mm}}{\dfrac{1}{4}}$$

$$= 4 \cdot 7,5\,\text{mm} = 30\,\text{mm}$$

Nun wird aus der Brennweite die Brechkraft berechnet, indem die im Text beschriebene Gleichung

$$D = \frac{1}{f} \qquad (5)$$

verwendet wird:

$$D = \frac{1}{30\,\text{mm}}$$

Da die Einheit der Brechkraft die Dioptrie ist, die den Kehrwert der Brennweite in der Einheit [Meter] darstellt, wird entsprechend umgerechnet:

$$D = \frac{1}{0,03\,\text{m}}$$

$$D = 33,3\,\text{dpt}$$

Konzentriertes und sorgfältiges Arbeiten

Zur Leistungssteigerung bis hin zum Maximum der erreichbaren Punktzahl in diesem Untertest genügt das vielfache Wiederholen des Konzentrationstests. Achtung! Der Test wird auf maschinenlesbaren Belegleserbögen in computerlesbarer Schriftfarbe durchgeführt. Diese Schriftfarbe weist einen nur sehr geringen Kontrast zum Papier auf, sodaß "Flimmereffekte" beim Bearbeiten auftreten. Es wird daher das Training mit den Belegleserbögen empfohlen. Die Auswertung des Untertests nehmen Sie wie folgt vor: zählen Sie einmal alle zu markierenden Zeichen jeder Zeile und vermerken sich diese auf einem Blatt. Nach dem Bearbeiten jedes Konzentrationstests vergleichen Sie nun die von Ihnen markierten Zeichen mit den tatsächlich zu markierenden Zeichen. Dabei ziehen Sie für jedes fälschlicherweise markierte oder nicht markierte Zeichen einen Punkt von der Gesamtzahl der von Ihnen markierten Zeichen ab. Um nun die Gesamtpunktzahl zu ermitteln, die Sie in diesem Untertest erreicht haben, werden die nach dem beschriebenen Verfahren errechneten Punkte durch 30 dividiert. So erhalten Sie eine Punktzahl, die aus 1200 zu bearbeitenden Zeichen, von denen 600 zu markieren sind, in 20 "Aufgaben" umgerechnet worden ist.

LÖSUNGEN ZU:

Vollständige Testsimulation 1

Lernheft

Name: _____

Vorname:_____

1992 Zentralstelle für Testtraining der GCA mbH, Herdecke

Figuren lernen (Einprägephase)

Die folgenden Erläuterungen versuchen, Assoziationen beim Lernen der Figuren zu geben.
Der Lernende sollte auch versuchen, selbst Assoziationen zu finden.

1. Zeile

1. Figur:	Pistole mit schwarzem Abzug
2. Figur:	Mann mit Bart
3. Figur:	Flugzeug mit abgebrochenem Flügel
4. Figur:	Felsen mit Höhle

2. Zeile

1. Figur:	Schmetterling mit schwarzem und weißem Flügel
2. Figur:	Gesicht mit Nase nach oben (schwarz)
3. Figur:	Hund mit schwarzer Schnauze und Sonnenhut
4. Figur:	Hexe mit langer Nase (nach unten gerichtet) und schwarzen Augenbrauen

3. Zeile

1. Figur:	Hund mit schwarzem Kopf
2. Figur:	Ameisenbär mit schwarzem Rüssel
3. Figur:	Sessel von vorn mit schwarzer Rückenlehne
4. Figur:	Segelschiff bei Nacht (schwarzer Himmel)

4. Zeile

1. Figur:	Schaf mit schwarzem Ohr (Schnauze rechts)
2. Figur:	Föhn mit schwarzer Öffnung
3. Figur:	Diamantring mit schwarzem Diamanten
4. Figur:	Hund mit schwarzer Schnauze

5. Zeile

1. Figur:	Damenschuh mit schwarzer Öffnung
2. Figur:	Sessel von oben mit schwarzer Sitzfläche
3. Figur:	Angebissener Knochen
4. Figur:	Elefant mit schwarzem Rücken

Fakten lernen

Die folgende Besprechung soll dazu beitragen, Patienten durch Bildung von Geschichten besser zu lernen und später einfacher zu reproduzieren. Dabei soll kein besonderer Wert auf medizinisch korrekte Zusammenhänge bei den Assoziationen gelegt werden, vielmehr geht es darum, Klischees oder persönliche Vorurteile des Bearbeitenden von bestimmten Berufen oder Krankheiten aufzugreifen. Da die den Test bearbeitenden Personen in der Regel ohnehin keine fundierten medizinischen Sachkenntnisse besitzen, fällt dies besonders leicht. Der Trainierende sollte auch hier versuchen, selbst Geschichten zu den Patienten zu finden.

1. Gruppe

- Namen an Tiere erinnernd
- Alter ca. 20 Jahre
- Dienstleistende

Rindmann: Der unbeliebte Soldat (Klischee) hat sich bei einer Übung im Wald an einer Baumrinde verletzt und dadurch einen Wundstarrkrampf (Assoziation auch: Kampf - Krampf) zugezogen.

Stiers: Der Zivildienstleistende hat sich in Spanien einen Stierkampf angesehen und weil er in der Arena lediglich (▷ ledig) auf den kalten Steinen (im Winter) gesessen hat, eine Grippe bekommen.

Kuh: Die selbstlose Entwicklungshelferin (Klischee) zerrt (▷ Zerrung) die Kühe (▷ Kuh) zur Ernährung der Unterernährten in den Entwicklungsländern zum Schlachthof.

2. Gruppe

- Namen an Trennvorgänge erinnernd
- Alter. ca. 35 Jahre
- Büroberufe

Schneid:	Die Kollegen der <u>Stenotypistin</u> sind auf sie neidisch (Assoziation Neid - Schneid), weil sie in ihrem Beruf sehr erfolgreich ist (sie ist quasi mit ihrem Beruf <u>verheiratet</u>) und so schnell <u>steno</u>grafieren kann, daß sie sich dabei fast die Finger verbrennt (▷ <u>Verbrennungen</u>).
Reißer:	Der <u>Sachbearbeiter</u> <u>zerreißt</u> (▷ <u>Reißer</u>) ständig Papier und ist außerdem nicht besonders höflich (▷ <u>barsch</u>). Assoziation Schuppenflechte - barsch: ein Barsch ist ein Fisch, und Fische haben Schuppen.
Säges:	Beachte: Säges - Sekretärin. Der Chef hat seine <u>Sekretärin</u> aus der Firma entlassen (Assoziation: abgesägt - <u>Säges</u>, abgewiesen - <u>überwiesen</u>). Diese hat die Firma dann Hals-über-Kopf verlassen, ist dabei die Eingangstreppe heruntergefallen und hat sich dabei die Rippen gebrochen (▷ <u>Rippenbruch</u>).

3. Gruppe

- Namen an Eingänge erinnernd
- Alter: ca. 40 Jahre
- Druckberufe

Pförtner:	Frau <u>Pförtner</u> öffnet und schließt Bücher (Assoziation: Pförtner öffnen und schließen Türen) (▷ <u>Buchbinderin</u>) und hat beim schließen eines Buches einen <u>Unfall</u> erlitten: sie hatte noch einen Finger dazwischen, den sie sich dann gequetscht (▷ <u>Quetschungen</u>) hat.
Tormann:	Herr <u>Tormann</u> ist der einzige <u>Mann</u> dieser Gruppe. Er ist, weil er zu <u>hektisch</u> war, mit der Hand zwischen die laufenden <u>Druck</u>walzen (▷ <u>Drucker</u>) geraten und hat sich durch die Druckerfarbe eine <u>Blutvergiftung</u> zugezogen.
Türstell:	Die <u>Bibliothekarin</u> <u>steht</u> immer in der Bibliothekstür (▷ <u>Türstell</u>) und begrüßt jeden Leser (ist also <u>nett</u>). Weil es in der Tür immer zieht, sind ihr die Haare weggeflogen (▷ <u>Haarausfall</u>).

4. Gruppe

- Namen an Früchte erinnernd
- Alter: ca. 55 Jahre
- Sozial Unterstützte

Äpfeler:	Bevor Herr Äpfeler wieder Arbeit finden konnte (▷ arbeitslos), ist ihm der Darmkrebs zuvorgekommen (▷ zuvorkommend).
Mandarin:	Frau Mandarin (Assoziation: asiatischer Name - Asylantin) hat als Asylantin Sprachschwierigkeiten (Klischee). Weil das deutsche Klima zu feucht und kühl ist, hat sie Rheuma bekommen.
Kirscher:	Achtung! Dieses ist der zweite ledige Patient. Herr Kirscher hat sich beim Kirschenfangen (▷ Sozialhilfeempfänger; Kirscher) die Hand verstaucht (▷ Verstauchung)

5. Gruppe

- Namen an Naturwissenschaften erinnernd
- Alter: ca. 65 Jahre (Klischeealter für Rentner)
- Rentnergruppe

Biolufa:	Beachte: Biolufa - Staublunge. Der Patient möchte seine Staublunge heilen lassen, er ist also bereit, dem Staub aus seiner Lunge (▷ Staublunge) zu verhelfen (▷ hilfsbereit)
Chemiko:	Der Name erinnert an Chemie, häufige Assoziation hierzu ist: giftig oder umweltunfreundlich. Der Patient unterzieht sich einer Knieoperation (▷ Opa - Rentner)
Physicki:	Das Klischee einer alten Frau: Witwe (▷ verwitwet) und schwerhörig (▷ Mittelohrentzündung). Die Mittelohrentzündung ist eine physische (▷ Physicki) Erkrankung.

LÖSUNGEN ZU:

Vollständige Testsimulation 1

Teil B

Name: _____

Vorname:_____

1992 Zentralstelle für Testtraining der GCA mbH, Herdecke

Textverständnis

Hier werden die richtigen Antworten durch Textbelege herausgestellt, die falschen werden anhand des Textes erklärt. Es werden Zeilen- und Absatzangaben zu Hilfe genommen.

Hier ein Beispiel:
A2, Z5 bedeutet: die zugehörige Textpassage finden Sie in der <u>5.</u> <u>Z</u>eile des <u>2.</u> <u>A</u>bsatzes.

Text zu den Fragen 97 - 102

Bitte unterteilen Sie den Text in die folgenden Abschnitte:

1. Absatz:	8 Zeilen
2. Absatz:	4 Zeilen
3. Absatz:	9 Zeilen
4. Absatz:	5 Zeilen
5. Absatz:	8 Zeilen

97) Lösung: (E)

(A)   Falsch. Erythropoetin induziert die Erythrocytenbildung (A5, Z1-2).
(B)   Laut A1, Z4-5 falsch.
(C)   Nicht pro Tag, sondern pro Minute. Siehe Text A1, Z6.
(D)   Falsch. Nach A1, Z7 ist dieser Prozentsatz die Erneuerungsrate, nicht die Abbaurate.
(E)   Nach A1, Z6-7 richtig.

98) Lösung: (C)

(A)   Richtig laut A1, Z2
(B)   Richtig laut A3, Z8-9
(C)   Falsch laut A3, Z7-8. Die Erythropoeserate könnte nur sinken.
(D)   Nach A3, Z2-5 richtig.
(E)   Nach A3, Z4-5 richtig.

99) Lösung: (E)

I.   Nach A1, Z1-2 ist dieses die Durchschnitts-Lebensdauer der Erythrocyten.
II.   Erythropoetin veranlaßt nach A5, Z1-2 lediglich die Entwicklung erythrocytenbildender Stammzellen.
III.   Nach A5, Z4-5 sind Reticulocyten Vorstufen von Erythrocyten, und keine Abbauprodukte.

100) Lösung: (C)

I.   Nach A3, Z3-5 richtig.
II.   Nach A5, Z4-5 gehen Reticulocyten in Erythrocyten über.

101) Lösung: (B)

    I.   Nach A4 falsch.

    II.   Nach A5, Z1-2 richtig.

    III.   Diese Aussage ist nicht ableitbar. Nach A5, Z6-8 führt eine - durch Erythropoetin eingeleitete - Steigerung der Erythropoese zu einer Zunahme der <u>Reticulocyten</u>zahl um maximal 50%.

102) Lösung: (C)

    (A)   Nach A1, Z2 falsch. In allen Geweben ist lediglich der Erythrocyten<u>abbau</u> möglich (s. A1, Z4-5)

    (B)   Nach A5, Z3-8 falsch.

    (C)   Nach A5, Z2-3 richtig.

    (D)   Nach A4 ist dieses erst heute der Fall.

    (E)   Diese Aussage schließt sich durch die Richtigkeit der Aussage (C) aus.

Text zu den Fragen 103 - 108

Bitte unterteilen Sie den Text in die folgenden Abschnitte:

1. Absatz: 11 Zeilen
2. Absatz: 6 Zeilen
3. Absatz: 8 Zeilen
4. Absatz: 3 Zeilen
5. Absatz: 7 Zeilen

103) Lösung: (D)

    I.   Laut A3, Z7-8 falsch.

    II.   Nach A3, Z6-7 richtig.

104) Lösung: (A)

    I.   Nach A2, Z2-5 richtig.

    II.   Falsch. Nach A2, Z2-3 ist die Einheit das dezi-Bel.

    III. Falsch. Nach A2 ist dieses nur beim Schalldruckpegel der Fall.

    IV. Nach A3, Z7-8 falsch.

105) Lösung: (E)

    I.   Laut A1, Z6-7 trifft dieses nur für das Medium Luft zu.

    II.   Nach A4, Z2-3 richtig.

    III. Nach A3, Z8 falsch.

106) Lösung: (D)

Nach A5, Z6-7 ist nur (D) zutreffend.

107) Lösung: (C)

Zieht man das Beispiel von A3 heran, so erhält man bei Verzehnfachung des dort angegebenen Schalldruckes von $2 \cdot 10^{-2}$ N/m² einen Schalldruck von $2 \cdot 10^{-1}$ N/m². Daraus ergibt sich analog zu A3 für den Schalldruckpegel dieses zehnfachen Schalldruckes: $L = 20 \cdot \log (2 \cdot 10^{-1} / 2 \cdot 10^{-5})$, also $L = 20 \cdot \log 10^4$ oder $L = 20 \cdot 4 = 80$ dB. Das entspricht einer Steigerung um 20 dB. Die gleiche Steigerung würde man bei weiterer Verzehnfachung des Schalldruckes erhalten.

108) Lösung: (A)

I.   Nach A1, Z1-9 richtig.
II. Nach A1, Z5-9 wäre diese Aussage nur für den <u>Luft</u>schall zutreffend.
III. Nicht der Schall, sondern der Schalldruckpegel (s. auch A2, Z5-6 und A3, Z1-6).

Text zu den Fragen 109 - 114

Bitte unterteilen Sie den Text in die folgenden Abschnitte:

1. Absatz: 22 Zeilen
2. Absatz: 19 Zeilen

109) Lösung: (A)

(A)   Nach A1, Z13-18 richtig.
(B)   Nach A1, Z5-6 falsch.
(C)   Diese Aussage kann nicht aus dem Text abgeleitet werden.
(D)   Nach A1, Z17-18 liegt kurz vor, während und nach Nahrungsaufnahme zwar eine hohe Salzsäurekonzentration vor, jedoch ist Salzsäure nicht als größter Bestandteil gekennzeichnet. Nach A1, Z13-15 ist im nüchternen Zustand der Hauptbestandteil des Magensaftes Wasser.

110) Lösung: (B)

I.   Nach A2, Z4-6 falsch. Pepsin hat Verdauungswirkung.
II.   Nach A2, Z1-3 richtig.
III. In A1, Z13-15 wird ausgeschlossen, daß Pepsin im nüchternen Zustand im Magensaft enthalten ist. Richtige Aussage.
IV.   Nach A2, Z1-4 wird Pepsin aus Pepsinogen gebildet, das seinerseits nicht aus den Belegzellen, sondern nach A1, Z5-6 aus den Hauptzellen stammt.

111) Lösung: (D)

I.   Diese Aussage ist nicht aus dem Text ableitbar.
II.   Laut A1, Z7-8 richtig.
III. Richtig. Nach A1, Z7-9 ist der Schleim Bestandteil des Magensaftes. Magensaft wird laut A1, Z12-17 zwar zu verschiedenen Zeiten in unterschiedlichen Mengen, jedoch ständig, sezerniert.

112) Lösung: (E)

(A)   Nach A1, Z13-15 richtig.

(B)   Nach A2, Z11-19 richtig.

(C)   Nach A1, Z13-18 richtig.

(D)   Nach A2, Z3-4 richtig.

(E)   Falsch. Nach A1, Z12-17 schwanken diese Werte je nach Funktionszustand des Magens.

113) Lösung: (A)

I.   Nach A1, Z17-18 unter Berücksichtigung von A1, Z13-14 richtig.

II.   Nach A2, Z1-3 richtig.

III. Diese Aussage ist dem Text nicht zu entnehmen.

IV.   Nach A2, Z7-8 ist die maximal mögliche Salzsäureausscheidung zwar von der Belegzellenzahl abhängig, sie hat jedoch keinen Einfluß auf die Belegzellenanzahl.

114) Lösung: (B)

I.   Dort wird laut A1, Z3-5 zwar die Vorstufe des Pepsins - Pepsinogen - produziert, was jedoch keinen Rückschluß auf etwa vorhandene Pepsinmengen zuläßt.

II.   Über den Fundus wird lediglich ausgesagt, daß hier Verdauungssäfte produziert werden, jedoch nicht, daß es sich hierbei ausschließlich um Enzyme handelt (A1, Z3-5).

III. Richtig. Nach A1, Z14-17 von 5-15 ml pro Stunde bis zu 500-1500 ml pro Stunde.

Text zu den Fragen 115 - 120

Bitte unterteilen Sie den Text in die folgenden Abschnitte:

1. Absatz: 21 Zeilen
2. Absatz: 9 Zeilen
3. Absatz: 7 Zeilen
4. Absatz: 5 Zeilen

115) Lösung: (C)

I. Nach A1, Z15-16 handelt es sich bei der Einheit um °/s, nicht um m/s.

II. Nein. Dieses ist die Zeitdauer der Fixationsperioden (A1, Z18-20).

III. Nach A3, Z1-3 wird optokinetischer Nystagmus beim Betrachten eines ruhenden Bildes von einem bewegten Standpunkt aus beobachtet. Das Bild ist also vom Betrachter aus gesehen bewegt. Nach A2, Z1 treten beim Betrachten bewegter Objekte Augenfolgebewegungen auf, deren Winkelgeschwindigkeit durch Korrektursaccaden ausgeglichen werden kann (A2, Z6-7).

116) Lösung: (E)

I. Nach A4, Z1-2 richtig.

II. Nach A4, Z2-5 wäre ein veränderter, aber kein fehlender Nystagmus zu erwarten.

III. Nach A3, Z3-4 folgen die Saccaden nicht direkt aufeinander, sondern wechseln sich mit Augenfolgebewegungen ab.

117) Lösung: (D)

I. Falsch. Nach A2, Z1-4 liegt die Winkelgeschwindigkeit des bewegten Objektes zwar noch innerhalb des Bereiches, in dem die Winkelgeschwindigkeit der Augen derjenigen des betrachteten Objektes entspricht. Es wird jedoch nicht ausgeschlossen, daß sich das Objekt um mehr als 10° von der Grundeinstellung der Augen fortbewegt, wodurch nach A1, Z5-9 kombinierte Kopf- und Augenbewegungen entstehen können.

II. Nach A1, Z5-8 richtig.

III. Nach A1, Z18-21 richtig.

118) Lösung: (A)

(A) Nach der Begründung von 117) I. zutreffend.

(B) Nach A2, Z7-9 falsch.

(C) Nach A2, Z7-9 ist die Winkelgeschwindigkeit der Augen entweder gleich groß wie die des betrachteten Objektes bei Winkelgeschwindigkeiten bis 80°/s und Blickverlagerungen um weniger als 10° von der Grundeinstellung der Augen (A1, Z5-8) oder bei Überschreiten der genannten Werte kleiner, da jetzt Kopfbewegungen und Korrektursaccaden eintreten können.

(D) Diese Aussage ist nicht aus dem Text ableitbar.

(E) Nach A1, Z20-21 läßt sich eine Fixationsperiode zwar über einige Sekunden ausdehnen, bei längerer Objektbetrachtung treten jedoch Augenbewegungen auf.

119) Lösung: (E)

(A) Nach A3-4 handelt es sich um ein normales Phänomen, nicht um einen krankhaften Prozeß.

(B) Diese Aussage läßt sich den Textinformationen nicht entnehmen.

(C) Falsch. Nach A1, Z19-21 kann einem Blickwechsel auch eine Fixationsperiode folgen.

(D) Diese Aussage trifft nicht zu, solange die Winkelgeschwindigkeit des Objektes unter 80°/s liegt und das Objekt sich nicht um mehr als 10° von der Grundeinstellung der Augen entfernt (A2, Z7-9 und A1, Z5-8).

(E) Nach A4, Z2-4 richtig.

120) Lösung: (D)

(A) Nach A1, Z8-10 richtig.

(B) Nach A1, Z20-21 richtig.

(C) Nach A1, Z2/ A1, Z19-21/ A2, Z1 richtig.

(D) Falsch. Nach A3, Z2-4 ist der optokinetische Nystagmus gerade durch den Wechsel von Augenfolgebewegungen und Rückstellsaccaden charakterisiert. Diese Rückstellsaccaden sind nach A3, Z7 unwillkürlich.

(E) Diese Aussage läßt sich wie (C) an verschiedenen Textstellen entnehmen.

Figuren lernen (Reproduktionsphase)

Versuchen Sie nun, mit Hilfe der gelernten Beschreibungen zu den Figuren die richtigen Lösungen zu finden. Stellen Sie dabei alle in der Einprägephase erwähnten Ähnlichkeiten heraus.

121) Lösung: (B)

(Damenschuh mit schwarzer Öffnung)

122) Lösung: (D)

(Hund mit schwarzer Schnauze und Sonnenhut)

123) Lösung: (E)

(Felsen mit Höhle)

124) Lösung: (E)

(Mann mit Bart)

125) Lösung: (B)

(Elefant mit schwarzem Rücken)

126) Lösung: (A)

(Segelschiff bei Nacht)

127) Lösung: (C)

(Hund mit schwarzem Kopf)

128) Lösung: (D)

(Sessel von oben mit schwarzer Sitzfläche)

129) Lösung: (C)

(Hexe mit langer Nase und schwarzen Augenbrauen)

130) Lösung: (A)

(Diamantring mit schwarzem Diamanten)

131) Lösung: (A)

(Schmetterling mit schwarzem und weißem Flügel)

132) Lösung: (A)

(Ameisenbär mit schwarzem Rüssel)

133) Lösung: (C)

(angebissener Knochen)

134) Lösung: (E)

(Flugzeug mit abgebrochenem Flügel)

135) Lösung: (E)

(Föhn mit schwarzer Öffnung)

136) Lösung: (B)

(Sessel von vorn mit schwarzer Rückenlehne)

137) Lösung: (E)

(Hund mit schwarzer Schnauze)

138) Lösung: (A)

(Schaf mit schwarzem Ohr)

139) Lösung: (D)

(Gesicht mit Nase nach oben)

140) Lösung: (B)

(Pistole mit schwarzem Abzug)

Eine starke Leistung...

... verlangt Ihnen der Test für medizinische Studiengänge ab. Innerhalb von fünf Stunden entscheidet sich, ob Sie zum Medizinstudium zugelassen werden oder nicht. Innerhalb von fünf Stunden legen Sie einen Test mit dem Gewicht des Abiturs ab. Hier kommt es auf starke Nerven an. Zwei von drei Medizin-Studienplatzbewerbern scheitern an der sofortigen Zulassung zum Medizinstudium.

Ihre innere Ruhe und Gelassenheit läßt Sie diese Hürde jedoch einfacher nehmen. Denn Sie wissen bereits aus Ihrem ZfTT-Testtraining, was auf Sie zukommt. Sie haben mit Ihrem Trainer alle Punkte ausführlich diskutiert. Er hat Sie im Verlauf des Seminars auf Ihre Schwächen hingewiesen und Sie haben gemeinsam mit Gleichgesinnten viele Lösungsstrategien und Bearbeitungstechniken erarbeitet, die Ihnen nun Sicherheit geben. Sie haben die Seminarunterlagen zu Hause nochmals in Ruhe durchgearbeitet. Vor dem Test hatten Sie sogar die Zeit, einen Tag lang auszuspannen, Kraft zu sammeln für die vielleicht wichtigste Prüfung Ihres Lebens. Das hätten Sie vorher nicht geglaubt.

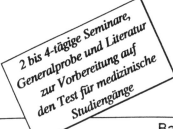

Fakten lernen (Reproduktionsphase)

Erinnern Sie sich nun an die gelernten Gemeinsamkeiten innerhalb der Gruppen. Versuchen Sie, die Fragen mit Hilfe der gelernten Klischees zu beantworten. Spielen Sie dabei zur Übung für jeden Patienten das gelernte Klischee durch.

Hier wird für jede Aufgabe der gelernte Satz für den entsprechenden Patienten wiederholt, um so eine leichtere Überprüfung zu ermöglichen.

141) Lösung: (A)

Rindmann: Der <u>unbeliebte</u> <u>Soldat</u> (Klischee) hat sich bei einer Übung im Wald an einer Baum<u>rinde</u> verletzt und dadurch einen <u>Wundstarrkrampf</u> (Assoziation auch: Kampf - Krampf) zugezogen.

142) Lösung: (C)

Kirscher: Achtung! Dieses ist der zweite <u>ledige</u> Patient.
Herr Kirscher hat sich beim Kirschenfangen (▷ Sozialhilfeemp<u>fänger</u>; <u>Kirscher</u>) die Hand verstaucht (▷ <u>Verstauchung</u>)

143) Lösung: (E)

Säges: Beachte: Säges - Sekretärin. Der Chef hat seine <u>Sekretärin</u> aus der Firma entlassen (Assoziation: abgesägt - <u>Säges</u>, abgewiesen - <u>überwiesen</u>). Diese hat die Firma dann Hals-über-Kopf verlassen, ist dabei die Eingangstreppe heruntergefallen und hat sich dabei die Rippen gebrochen (▷ <u>Rippenbruch</u>).

144) Lösung: (C)

Äpfeler: Bevor Herr <u>Äpfeler</u> wieder Arbeit finden konnte (▷ <u>arbeitslos</u>), ist ihm der <u>Darmkrebs</u> zuvorgekommen (▷ <u>zuvorkommend</u>).

145) Lösung: (D)

Chemiko: Der Name erinnert an Chemie, häufige Assoziation hierzu ist: giftig oder umwelt<u>unfreundlich</u>. Der Patient unterzieht sich einer <u>Knieoperation</u> (▷ <u>Opa</u> - Rentner)

146) Lösung: (C)

    Schneid: Die Kollegen der <u>Stenotypistin</u> sind auf sie neidisch (Assoziation Neid - Schneid), weil sie in ihrem Beruf sehr erfolgreich ist (sie ist quasi mit ihrem Beruf <u>verheiratet</u>) und so schnell <u>steno</u>grafieren kann, daß sie sich dabei fast die Finger verbrennt (▷ <u>Verbrennungen</u>).

147) Lösung: (C)

    Säges: Beachte: Säges - Sekret<u>är</u>in. Der Chef hat seine <u>Sekretärin</u> aus der Firma entlassen (Assoziation: abgesägt - <u>Säges</u>, abgewiesen - <u>überwiesen</u>). Diese hat die Firma dann Hals-über-Kopf verlassen, ist dabei die Eingangstreppe heruntergefallen und hat sich dabei die Rippen gebrochen (▷ <u>Rippenbruch</u>).

148) Lösung: (E)

    Türstell: Die <u>Bibliothekarin</u> <u>steht</u> immer in der Bibliotheks<u>tür</u> (▷ <u>Türstell</u>) und begrüßt jeden Leser (ist also <u>nett</u>). Weil es in der Tür immer zieht, sind ihr die Haare weggeflogen (▷ <u>Haarausfall</u>).

149) Lösung: (D)

    Mandarin: Frau <u>Mandarin</u> (Assoziation: asiatischer Name - Asylantin) hat als <u>Asylantin</u> <u>Sprachschwierigkeiten</u> (Klischee). Weil das deutsche Klima zu feucht und kühl ist, hat sie <u>Rheuma</u> bekommen.

150) Lösung: (A)

    Äpfeler: Bevor Herr <u>Äpfeler</u> wieder Arbeit finden konnte (▷ <u>arbeitslos</u>), ist ihm der <u>Darmkrebs</u> zuvorgekommen (▷ <u>zuvorkommend</u>).

151) Lösung: (A)

Reißer: Der <u>Sachbearbeiter</u> <u>zerreißt</u> (▷ <u>Reißer</u>) ständig Papier und ist außerdem nicht besonders höflich (▷ <u>barsch</u>).
Assoziation Schuppenflechte - barsch: ein Barsch ist ein Fisch, und Fische haben Schuppen.

152) Lösung: (B)

Kirscher: Achtung! Dieses ist der zweite <u>ledige</u> Patient.
Herr Kirscher hat sich beim Kirschenfangen (▷ Sozialhilfeemp<u>fänger</u>; <u>Kirscher</u>) die Hand verstaucht (▷ <u>Verstauchung</u>)

153) Lösung: (E)

Physicki: Das Klischee einer alten Frau: Witwe (▷ <u>verwitwet</u>) und schwerhörig (▷ <u>Mittelohrentzündung</u>). Die Mittelohrentzündung ist eine <u>physi</u>sche (▷ <u>Physi</u>cki) Erkrankung.

154) Lösung: (B)

Tormann: Herr <u>Tormann</u> ist der einzige <u>Mann</u> dieser Gruppe. Er ist, weil er zu <u>hektisch</u> war, mit der Hand zwischen die laufenden <u>Druckwalzen</u> (▷ <u>Drucker</u>) geraten und hat sich durch die Druckerfarbe eine <u>Blutvergiftung</u> zugezogen.

155) Lösung: (C)

Kuh: Die <u>selbstlose</u> <u>Entwicklungshelferin</u> (Klischee) zerrt (▷ <u>Zerrung</u>) die Kühe (▷ <u>Kuh</u>) zur Ernährung der Unterernährten in den Entwicklungsländern zum Schlachthof.

156) Lösung: (D)

Mandarin: Frau <u>Mandarin</u> (Assoziation: asiatischer Name - Asylantin) hat als <u>Asylantin</u> <u>Sprachschwierigkeiten</u> (Klischee). Weil das deutche Klima zu feucht und kühl ist, hat sie <u>Rheuma</u> bekommen.

157) Lösung: (D)

Tormann: Herr <u>Tormann</u> ist der einzige <u>Mann</u> dieser Gruppe. Er ist, weil er zu <u>hektisch</u> war, mit der Hand zwischen die laufenden <u>Druck</u>walzen (▷ <u>Drucker</u>) geraten und hat sich durch die Druckerfarbe eine <u>Blutvergiftung</u> zugezogen.

158) Lösung: (A)

Chemiko: Der Name erinnert an Chemie, häufige Assoziation hierzu ist: giftig oder umwelt<u>unfreundlich</u>. Der Patient unterzieht sich einer <u>Knieoperation</u> (▷ <u>Opa</u> - Rentner)

159) Lösung: (D)

Pförtner: Frau <u>Pförtner</u> öffnet und schließt Bücher (Assoziation: Pförtner öffnen und schließen Türen) (▷ <u>Buchbinderin</u>) und hat beim Schließen eines Buches einen <u>Unfall</u> erlitten: sie hatte noch einen Finger dazwischen, den sie sich dann gequetscht (▷ <u>Quetschungen</u>) hat.

160) Lösung: (B)

Äpfeler: Bevor Herr <u>Äpfeler</u> wieder Arbeit finden konnte (▷ <u>arbeitslos</u>), ist ihm der <u>Darmkrebs</u> zuvorgekommen (▷ <u>zuvorkommend</u>).

Diagramme und Tabellen

Bezugnehmend auf das jeweilige Diagramm sind hier richtige und falsche Antworten voneinander abgegrenzt.

161) Lösung: (E)

(A) Richtig. Linker und rechter Anteil der linken Säule sind gleich hoch, das heißt, die Konzentrationen sind gleich. Da beide Anteile auf die gleiche Flüssigkeitsmenge (nämlich das gesamte Plasma) bezogen werden, ist nicht nur die Konzentration, sondern auch die Anzahl positiver Ionen gleich groß.

(B) Richtig. 90 mmol/l – 70 mmol/l = 20 mmol/l.

(C) Richtig. Ca. 10 mmol/l gegenüber ca. 5 mmol/l.

(D) Richtig. $\dfrac{160 \text{ mmol/l} + 130 \text{ mmol/l}}{2} = 145 \text{ mmol/l}.$

(E) Im Gesamtblut liegen ca. 80 mmol/l Cl⁻-Ionen vor, nicht über 1 mol/l = 1000 mmol/l.

162) Lösung: (A)

- (A) Dieses trifft im Bereich über 80 mmHg nicht zu.
- (B) Für den angegebenen Bereich zutreffend.
- (C) Richtig. Hier überschneiden sich beide Kurven.
- (D) Richtig. Es liegt ein monoton steigender Graph vor.
- (E) Richtig. Hier liegt eine Kurve vor, die von 0 bis 80 mmHg stetig steigt und im Bereich zwischen 80 und 100 mmHg ohne Steigung verläuft.

163) Lösung: (E)

(A) Richtig. Durch Eintragen des Wertepaares in das Diagramm ersichtlich. Zwischen den Kurven für P_{CO_2} = 60 bzw. 45 mmHg liegt laut Diagramm eine metabolische Acidose vor.

(B) Richtig. Man bewegt sich im Diagramm nach rechts, wo ein neutraler Bereich folgt (vgl. Pfeil 1b).

(C) Richtig. Das angegebene Wertepaar befindet sich zwischen den Kurven, die die metabolische und respiratorische Acidsose begrenzen (Etwa an der Pfeilspitze 3a).

(D) Richtig. Dieser Terminus ist zwischen beiden Kurven eingetragen.

(E) Falsch. Diese Aussage läßt sich aus den eingezeichneten Pfeilen nicht entnehmen.

164) Lösung: (C)

(A) Falsch. In diesem Diagramm ist die Absorption in Abhängigkeit von der Wellenlänge eingetragen.

(B) Doch. Beide Werte sind eindeutig voneinander abhängig, denn sie beziehen sich beide auf die gleichen Ausgangswerte (I_0 und I).

(C) Richtig, denn hier überschneiden sich beide Kurven. HbO_2 und Hb haben hier also sowohl gleiche Extinktionen als auch Absorptionen.

(D) Nein. Auch bei etwa 585 nm.

(E) Doch, denn diese liegen unterschiedlich hoch.

165) Lösung: (E)

(A)   Nein. Nur der Anteil der Glucose an der Sauerstoffversorgung des Herzens ist bei körperlicher Belastung etwa halb so groß wie bei körperlicher Ruhe.

(B)   Diese Aussage trifft nur für Diagramm B zu.

(C)   Nein. Auch in Diagramm A liefert Lactat Sauerstoff.

(D)   Nein. Diese drei Stoffe haben nur einen ähnlich großen Anteil an der Sauerstoffversorgung des Herzens.

(E)   Richtig. Nämlich 61% gegenüber 31%.

166) Lösung: (B)

(A) Falsch. In allen dargestellten Kurven kommen unter anderem niedrige Gewebe-Sauerstoffpartialdrücke vor.

(B) Richtig. Kurve A weist Gewebe-Sauerstoffpartialdrücke bis 85 mmHg auf, Kurve B bis 60 mmHg, Kurve C bis 30 mmHg. In der Reihenfolge der Kurven A-B-C sinken gleichzeitig die arteriellen Sauerstoffpartialdrücke.

(C) Diese Aussage trifft für Gewebe-Sauerstoffpartialdrücke über 20 mmHg nicht zu. Das wird bei einer Verbindung der drei Kurven bei jeweils gleichen Gewebe-Sauerstoffpartialdrücken deutlich.

(D) Falsch. Am Beispiel der Kurve A sieht man: bei Pa_{O_2} = 96 mmHg liegen Gewebe-Sauerstoffpartialdrücke von 0 bis 85 mmHg vor. Hier ist also das Gegenteil der Fall.

(E) Die Falschheit dieser Aussage läßt sich ähnlich wie bei (C) begründen. Für exponentielle Drucksteigerungen liegt darüberhinaus kein Anhaltspunkt vor.

167) Lösung: (E)

(A) Richtig. 1,0 ms gegenüber 350 ms.

(B) Richtig. Von –80 mV auf ca. +20 mV schwankt das intrazelluläre Membranpotential. Das entspricht einem Betrag von ca. 100 mV oder 0,1 V.

(C) Richtig. Siehe (A).

(D) Richtig. Etwa 1/5 der Zeit.

(E) Nicht des intrazellulären Muskel-, sondern Nervenmembranpotentials.

168) Lösung: (A)

Die einzuzeichnende Gerade verläuft zwischen den beiden linken Achsen auf der unteren gestrichelten Linie und schneidet die Basenüberschuß-Achse im Nullpunkt.

I. Richtig. Es findet sich kein Basenüberschuß.

II. Falsch. Die eingezeichnete Gerade wird in diesem Fall um den Punkt pH = 7,37 herum gegen den Uhrzeigersinn gedreht, sodaß sie die P_{CO_2}-Achse tiefer, also bei höheren Werten, schneidet. Das hat auf der anderen Seite eine Steigerung des Basenüberschusses zur Folge.

III. Falsch. Wird z.B. die eingezeichnete Gerade um den Punkt Basenüberschuß = 0 gegen den Uhrzeigersinn gedreht, dann sinkt der pH-Wert, der P_{CO_2} steigt, und der Basenüberschuß bleibt unverändert. Andererseits kann aber z.B. bei einer Parallelverschiebung der eingezeichneten Gerade nach unten ein Basenüberschuß unter dem Normalbereich entstehen. Der Basenüberschuß liegt also nicht immer außerhalb des Normalbereiches.

169) Lösung: (C)

(A)   Falsch. Er steigt (gestrichelte Kurven).

(B)   Falsch. Auf den Achsen für I und K sind verschiedenartige Werte aufgetragen. Die Aussage trifft daher nicht zu, obwohl sich zu dem angegebenen Beobachtungszeitpunkt die Kurven überschneiden.

(C)   Richtig. Betrachtet werden die durchgezogenen Kurven. Ein Beispiel: Der Informationsgehalt 4 bit/Reiz wird bei einer Rezeptorentladungsfrequenz von 20 Hz nach ca. 0,8 s erreicht, während er bei einer Rezeptorentladungsfrequenz von 1000 Hz bereits nach ca. 0,015 s erreicht ist.

(D)   Falsch. Bei dieser Betrachtungsweise würde die Zeit rückwärts laufen.

(E)   Falsch. Der Informationsfluß sinkt im zeitlichen Verlauf der Informationsgehaltssteigerung bei konstanter Rezeptorentladungsfrequenz (hier wird wie bei (D) eine gestrichelte mit einer durchgezogenen Kurve gleicher Frequenz verglichen).

170) Lösung: (D)

    (A)   Richtig. Sie beträgt hier 0 Winkelminuten^{-1}.

    (B)   Richtig. Betrachtet wird die durchgezogene Kurve gegenüber der gestrichelten. Die Sehschärfe ist für Farben an der Fovea am höchsten, während sie für Helligkeiten und Kontraste hier am niedrigsten ist.

    (C)   Richtig. Hier überschneiden sich die Kurven.

    (D)   Nicht so im Bereich zwischen 10° und 20° nasal.

    (E)   Richtig. Hier hat die durchgezogene Kurve das Maximum.

171) Lösung: (B)

    (A)   Achtung! Verwechslung mit Monaten. 3-5jährige Kinder haben eine Schlafperiode von 11 Stunden.

    (B)   Verglichen wird der Bereich unter der gestrichelten Kurve. Achtjährige befinden sich in der Gruppe der 5-9jährigen. Die zu vergleichenden Gruppen haben annähernd gleiche NREM-Perioden.

    (C)   Nicht so im Bereich 33-45 Jahre: Hier beträgt der Anteil des REM-Schlafes am Gesamtschlaf 18,9%, während dieser Anteil bei Jugendlichen (also 14-18 Jahre laut Diagramm) mit 20% angegeben wird.

    (D)   Falsch. Bis zum 3. Lebensjahr nimmt sie ständig zu.

    (E)   Nicht so bei Neugeborenen.

172) Lösung: (E)

(A) Das ist nur bei 250, 1000 und ca. 7000 Hz richtig.

(B) Falsch. Im Bereich von 250 bis 16000 Hz trifft diese Aussage nicht zu.

(C) Falsch. Schalldruck ist eine objektive physikalische Größe, während der Lautstärkepegel eine subjektive Lautstärkeempfindung darstellt und ein Ton bei gleichem Schalldruck durch Variation der Frequenz als unterschiedlich laut empfunden wird.

(D) Nein. Sie entspricht einem definierten Lautstärkepegel (4 phon).

(E) Diese Werte sind dem Diagramm zu entnehmen.

173) Lösung: (A)

   I.   Bis zu einer Temperatur von ca. 20-25°C ist diese Aussage falsch.

   II.   Wie I.

   III. Wie I, wenn vorausgesetzt wird, daß zunehmende Behaglichkeit einer abnehmenden Unbehaglichkeit entspricht.

174) Lösung: (B)

$$p = \frac{F}{A}$$

  p: Druck

  F: Kraft

  A: Fläche

in den Diagrammen aufgetragen sind F und x, wobei

gilt: $A = x^2$.

Also: $p = \dfrac{F}{x^2}$

oder: $F = p \cdot x^2$. (1)

Aus der Mittelstufenmathematik ist die allgemeine Parabelgleichung bekannt:

$$y = m \cdot x^2 + b, \text{(2)}$$

wobei b den y-Achsenabschnitt angibt. Stellt man nun (1) und (2) gegenüber, so erkennt man die Parallele: der y-Achsenabschnitt ist 0, das heißt, daß die Parabel im Ursprung beginnt. p in (1) bzw. m in (2) hat als Streckfaktor für die Kurven der Diagramme (A) bis (E) keine Bedeutung, da keine Werte auf den Achsen aufgetragen sind. Die gesuchte Kurve ist also eine Parabel, die durch den Ursprung läuft, also Diagramm (B).

175) Lösung: (E)

(A) Falsch. Zuerst wird der Sinusknoten, dann werden alle weiteren Herzregionen in der im Diagramm auf der Achse "Zeit nach Erregung des Sinusknotens" angegebenen Reihenfolge erregt.

(B) Falsch. Die Erregung im Sinusknoten ist nach insgesamt 0,2 s das erste Mal wieder auf den Ausgangswert, die im His-Bündel nach 0,3 s.

(C) Erregungsrückbildung nach Sinusknotenerregung (= absoluter Bezugswert) der Purkinje-Fäden: 0,15 s + 0,45 s = 0,6 s.
Erregungsrückbildung nach Sinusknotenerregung des Kammermyokards:
ca. 170 ms = 0,17 s.
Falsche Aussage.

(D) Falsch. Gemeint ist die Spannungsdifferenz zum Ausgangswert. Richtig wäre diese Aussage nur dann, wenn der Ausgangswert 0 wäre. Das darf jedoch nicht vorausgesetzt werden.

(E) Richtig. Erregungsrückbildung nach Erregung des Sinusknotens der Purkinje-Fäden: 0,15 s + 0,45 s = 0,6 s.

176) Lösung: (B)

Nach der Anleitung korrekt eingezeichnet ergibt sich eine elektrische Herzachse von 0°, was dem Linkstyp entspricht.

177) Lösung: (D)

(A) Richtig, da Kalt- und Warmschwelle nach rechts hin, also mit zunehmender Temperaturänderungsgeschwindigkeit, konvergieren.

(B) Die Temperatur wird in 10 s um 0,5°C erhöht, was einer Temperaturänderungsgeschwindigkeit von 0,5°C/10 s oder 0,05°C/s entspricht. Bei dieser Änderungsgeschwindigkeit wird eine Temperaturerhöhung von 0,5°C als indifferent empfunden.

(C) Richtig. Der zugehörige Wert auf der y-Achse ist –1°C.

(D) Das Gegenteil ist der Fall.

(E) Richtig laut Begründung (A)

178) Lösung: (B)

(A) Verhältnis innen zu außen bei Kapillarlänge = 0: ca. 90 mmHg : 60 mmHg = 3:2.
Verhältnis innen zu außen bei Kapillarlänge = 1: ca. 30 mmHg : 1mmHg = 30:1.

(B) Falsch. In der Kapillare ist bei relativer Kapillarlänge 1,0 ein Po_2 von ca. 30 mmHg

vorhanden.

(C) Richtig. Von 90 mmHg auf 30 mmHg.

(D) Richtig. 20% der Kapillarlänge heißt: relative Kapillarlänge = 0,2. Im Abstand R_2

liegt bei relativer Kapillarlänge = 0 ein Po_2 von ca. 60 mmHg vor, bei relativer Kapil-

larlänge = 0,2 beträgt er ca. 20 mmHg.

(E) Richtig. Anfangsdruck in R_2: 60 mmHg, Enddruck im Kapillarzentrum: 30 mmHg.

179) Lösung: (E)

- (A) Richtig. 14 l + 25 l = 39 l.
- (B) Richtig. Hier geht der Balken über die gestrichelte Linie hinaus.
- (C) Richtig. Zutreffend für hypotonische Hyper- und Dehydration.
- (D) Richtig. Das ist der Fall bei hypotonischer und isotonischer Dehydration.
- (E) Falsch. Das ist nur bei wenigen der dargestellten osmotischen Veränderungen der Fall.

180) Lösung: (C)

(A) Der gesuchte Luftdruck ist 380 mmHg, befindet sich jedoch ebensowenig in der Tabelle wie die Höhenangabe 5500 m.ü.M.

(B) Falsch. Er sinkt mit sinkendem Luftdruck.

(C) Richtig. Insp. O_2-Partialdruck: $\dfrac{12}{149} < 10\%$

$$\text{Luftdruck: } \frac{106}{760} > 10\%.$$

(Diese grobe Abschätzung genügt!)

(D) Falsch. Beispiel:
Höhenänderung von 2000 auf 3000 m: Luftdruckabfall um 70 mmHg.
Höhenänderung von 3000 auf 4000 m: Luftdruckabfall um 64 mmHg.
$64 \neq 70$.

(E) Falsch. Dieser Anteil ist nicht der absolute O_2-Anteil am Gesamtluftvolumen in dieser Höhe, sondern derjenige O_2-Anteil, mit dem sich die genannten Höhenverhältnisse auf Meereshöhe simulieren lassen.

181) Lösung: (A)

(A) Falsch. Proximaler Tubulus: Reduktion um ca. 75%. Distales Convolut: Reduktion um max. 20%. Richtig wäre diese Aussage für maximale Antidiurese.

(B) Richtig. Eindeutig ablesbar am rechten Rand des mittleren schraffierten Feldes.

(C) Richtig. Hier teilen sich die Kurven.

(D) Richtig. Vgl. Werte im rechten schraffierten Feld.

(E) Da die Einteilung der y-Achse sehr grob ist und nach einem Näherungswert gefragt wird, ist die Aussage richtig.

182) Lösung: (C)

(A) Richtig. Gemeint ist das Schmelzgebiet im Diagramm.

(B) Richtig. Die Volumenzunahme beträgt mehr als eine Zehnerpotenz.

(C) Wenn der Druck konstant gehalten wird und sich das Volumen erhöhen soll, so muß in dem oberen Bereich des Diagramms auch die Temperatur steigen. Die Aussage (C) würde nur in den unteren 2/3 des Diagramms zutreffen.

(D) Richtig. Die Änderung läuft dann entlang einer "p = const."-Linie.

(E) Richtig, da im Naßdampfgebiet p = const. nur gilt, wenn gleichzeitig T = const. gilt.

183) Lösung: (E)

(A) Falsch. Es können lediglich Konzentrationen beurteilt werden.

(B) Falsch. Hier liegen 195 mval/l – 40 mval/l = 155 mval/l K$^+$-Ionen vor.

(C) Falsch. Einerseits macht Na$^+$ weniger als 50% der aufgeführten Ionen aus, anderseits wird aber über das Mengenverhältnis Na$^+$:Flüssigkeitsmatrix keine Aussage getroffen, die eine Beurteilung ohne Hintergrundinformation über die Einheit mval zulassen würde.

(D) Eine Aussage kann hier nicht getroffen werden, weil keine absoluten Zahlen über die intra- bzw. extracellulären Flüssigkeitsmengen angegeben werden.

(E) Richtig. Na$^+$ im Plasmawasser:
ca. 165 mval/l – ca. 10 mval/l = ca. 155 mval/l
K$^+$ im Plasmawasser:
ca. 195 mval/l – ca. 40 mval/l = ca. 155 mval/l.

184) Lösung: (D)

(A) Richtig. $7588 \approx 712 \cdot 10^{2/3}$.
(B) Richtig. Etwa Faktor 3.
(C) Richtig. $456 > 44 \cdot 10$.
(D) Falsch. Diese Zahl bezieht sich auf 1 μl Blut, nicht auf das Gesamtblutvolumen.
(E) Richtig. 112.

Ihre individuelle Test-Trainingsmöglichkeit:
Vorbereitungsseminare der ZfTT

Sie sind an neuen Lösungsstrategien interessiert?
Sie möchten mehr Testsicherheit erlangen?
Sie möchten den genauen Testablauf erleben?
Sie träumen von einer sofortigen Zulassung zum Medizinstudium?

ZfTT-Testtrainingsseminare bieten Ihnen die Möglichkeit, Ihren Testwert optimal zu steigern.
Qualifizierte Kursleiter betreuen Sie bundesweit in kleinen Gruppen. Sie erreichen so durch individuelles Training einen maximalen Lernerfolg.

Wir informieren Sie gern über unsere Trainingsseminare.
Schreiben Sie uns oder rufen Sie uns einfach an.

Ihre persönliche TMS-Generalprobe:
Testsimulation unter Originalbedingungen
am Wochenende vor dem Test wahlweise in:
Berlin-Dortmund-Düsseldorf-Hamburg-München-Stuttgart

Sie legen einen Test ab, der
im Schwierigkeitsgrad
im Umfang
in der äußeren Form
im Ablauf
den Originalbedingungen angepaßt ist.

Die hier verwendete Testversion wurde weder in Büchern veröffentlicht, noch in Seminaren trainiert, so daß alle Teilnehmer einen völlig unbekannten Test bearbeiten können, auch wenn sie bereits eines oder mehrere der ZfTT-Seminare besucht haben.

Schreiben Sie eine Postkarte oder rufen Sie uns einfach an, wenn Sie hierzu nähere Informationen wünschen.

ZfTT Zentralstelle
für Testtraining der GCA mbH.

Bahnhofstraße 31 - W-5804 Herdecke/Ruhr
Telefon (02330) 10520 - Telefax (02330) 2207